世界總會
悄悄獎勵那些
努力的人

The world
will quietly reward those
who try hard

蘇眉細細————著

優雅與從容，
如一束溫和明亮的光，
吸引靠近她的人。
而這背後，是跌了無數跟頭，撞過無數南牆，扛過無數委屈之後，
慢慢淬鍊出來的歲月靜好。

自序

走過山重水複，才有柳暗花明

　　去年下半年，當編輯和我約這本書稿的時候，我覺得內心有一朵碩大的花兒悄然綻放，感覺自己終於完成了某種儀式，抵達了夢想的彼岸。

　　我在做了十幾年紙媒作者之後，於三年前轉型自媒體。因為陸續寫了一些所謂的『爆文』，不時有編輯聯繫我出書，但都因與自己的想法不契合而作罷。
　　一直以來，我都是一個追求完美的人，有點執拗，有點任性，無論做什麼，都想盡力做到最好。
　　這本書裡，幾乎每一篇都有我或者我身邊人的影子。普通人的故事，雖然渺小，卻真實動人。

　　在某種程度上說，這本書也是自我療癒、暗夜自度的歷程。
　　幾年前，我在職場上遭遇重創。命運和我開了個玩笑，先是往我懷裡扔了一個餡餅，就在我手捧餡餅發懵的當口，又迎頭給了我重重一擊。我就像一輛高速行駛的汽車，忽然被踩了急剎。

生活瞬間脫軌，內心是鋪天蓋地的茫然。

懵過之後，我開始思考，思考人生中真正重要而我此前卻無暇顧及的人、事、物，卻始終不得要領。

那段時間，我經常在大街上漫無目的地行走，即使是傾城麗日，在我眼裡也如同六月飛雪。

直到有一天，我去參加一個聚會。沙龍主人說，每個人的人生都會遭遇波折與磨難，但是，每個人也都有賴以自度的法門，有人是旅行，有人是音樂，還有人是寫作……

聽了這句話，沉寂多年的文字夢忽然在我的心中醒來，蓬勃生長。

此後的每個早晨，我都聞雞起舞；每個晚上，我都坐在電腦前敲出幾千字的文章。漸漸地，我的生命在一行行文字間重新綻放。

閨密從遠方來看我。我一邊編輯文字，一邊和她聊天，直到深夜。她說：「看到你這樣，我放心了。」

我在文字裡重整自己的山河，寫著寫著，世界豁然開朗。

我在文字裡逆風而舞，將盛開與凋落、星移和斗轉都看作人生經歷，都視為午後的一窗雲淡風輕。

終於活出了一種姿態：沒有時間和年齡的概念，與光陰化干戈為玉帛，把光陰的饋贈做成一朵花別在衣襟上，淡定從容。

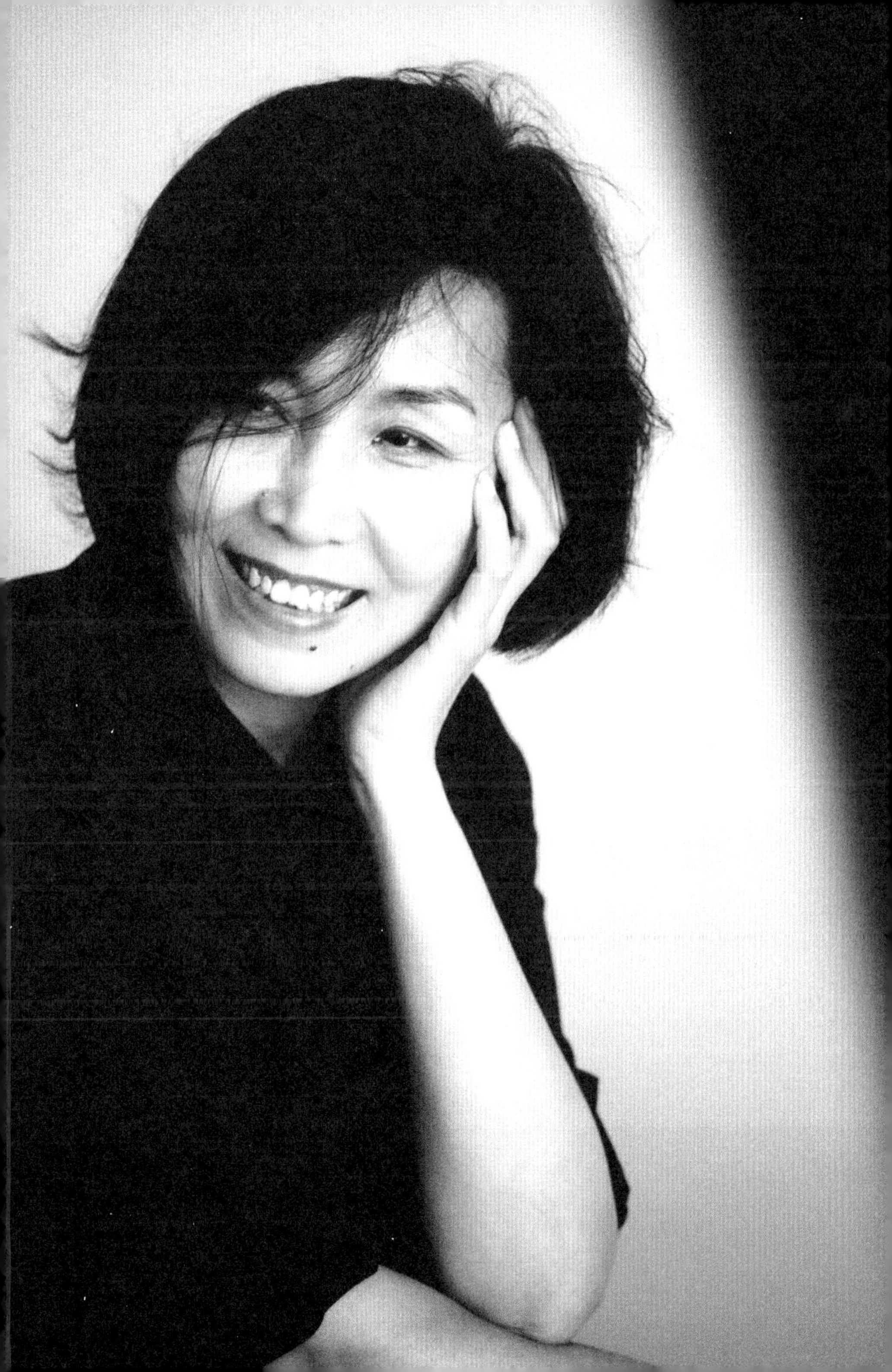

我的公眾號後台總有讀者留言說，看到我的文字，彷彿看到另一個自己，看到胼手胝足、屢敗屢戰，但是絕不服輸的自己，看到傷痕累累，但依舊不肯低頭認命、披荊斬棘一路向前的自己。

　　即使我們之間隔著千山萬水，隔著四季輪轉，你也會在看到某句話、某篇文章的時候，發自內心地說：「哦，原來你也經歷過，我並不孤單。」

　　所有的堅強，不過是柔軟磨出了繭；所有的盔甲，不過是傷疤結了痂。而這些，都是我們行走在世界上的底氣。

　　這是我的第一本書，也是我夢想的序幕，它正在拉開；而我，將在這個舞台上奮力起舞。

　　相信歷經了歲月淬鍊，我們終將衝破來自原生家庭、來自地域、來自他人或者自己內心的種種束縛，成為人生舞台上的靈魂舞者、自己命運的擺渡人。

　　謝謝你，打開這本書。

蘇眉細細
2023 年 2 月

如果你不想讓自己在年老的時候
後悔當初「我本可以……」,
就請從今天開始努力。
想想五年後、十年後自己想要的生活,
這就是我們努力的理由。

不必苛求完美,
真正能彰顯人生品質的
是一個人的生活態度和修養。
當一個人不過分追求完美時,
一切都變得完美起來了。

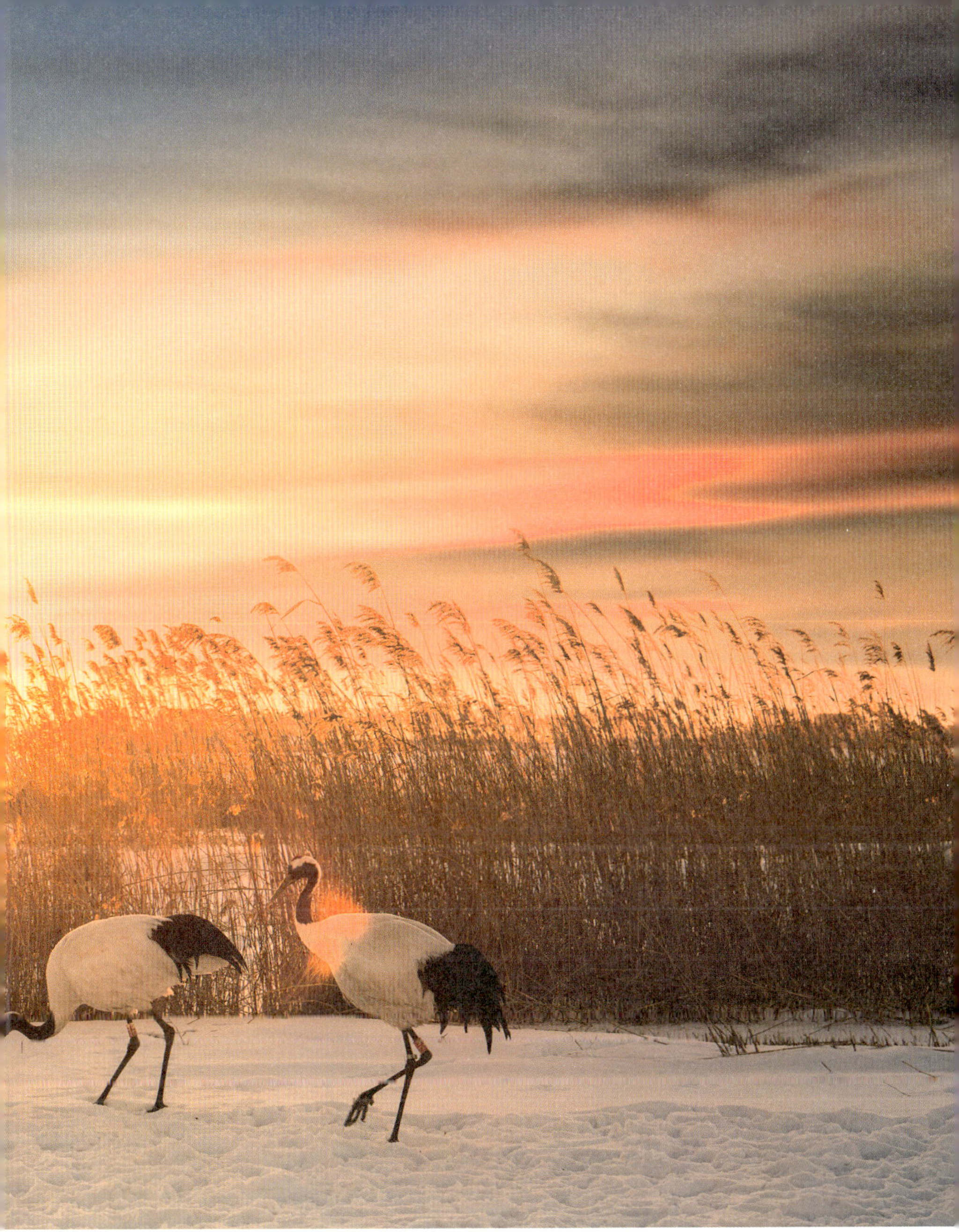

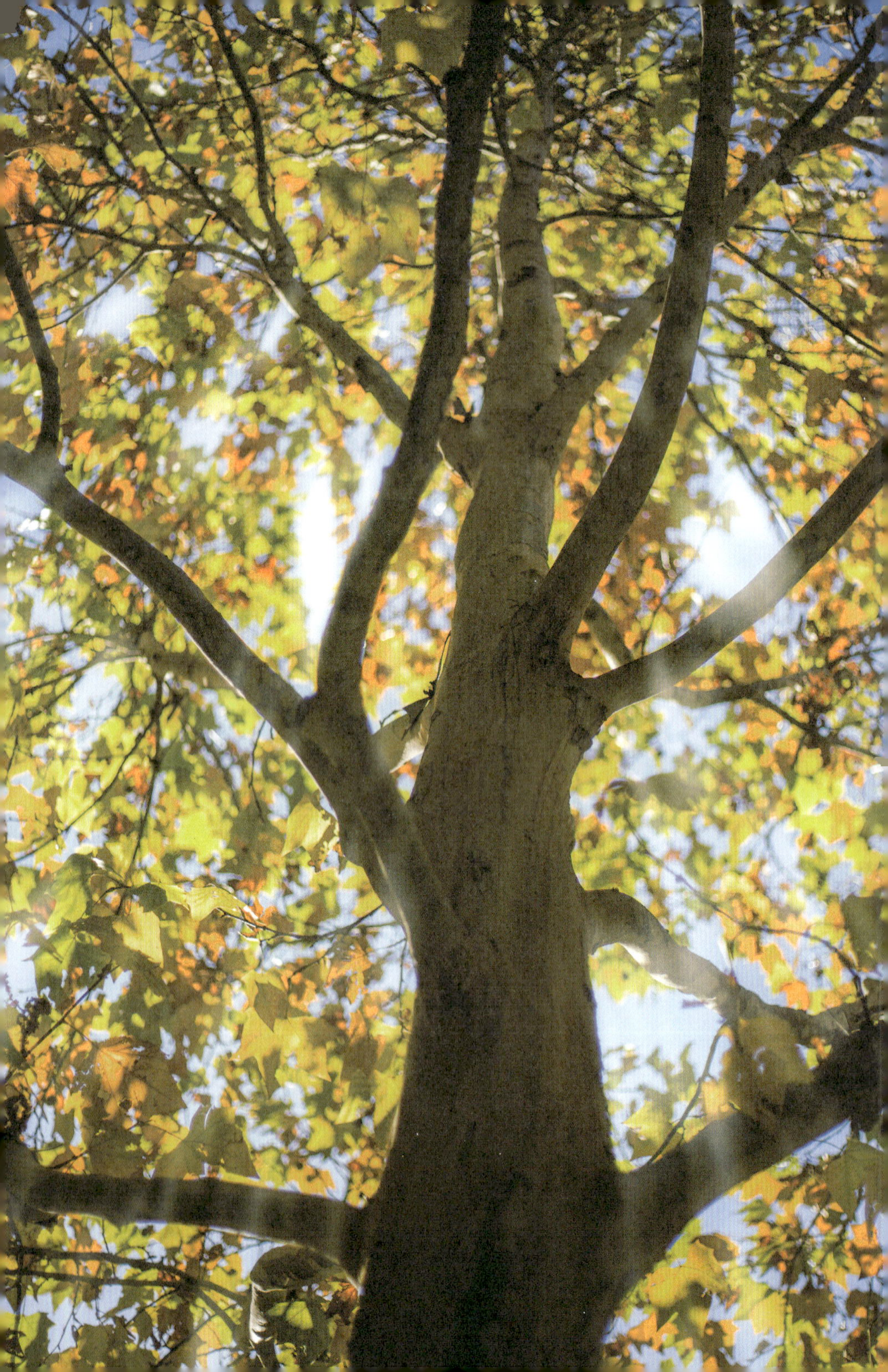

我們無法選擇出身和環境,
但是,
以怎樣的姿態生活,
卻可以自己說了算。
熱氣騰騰地活著,
才能迎來人生的花開蝶舞。

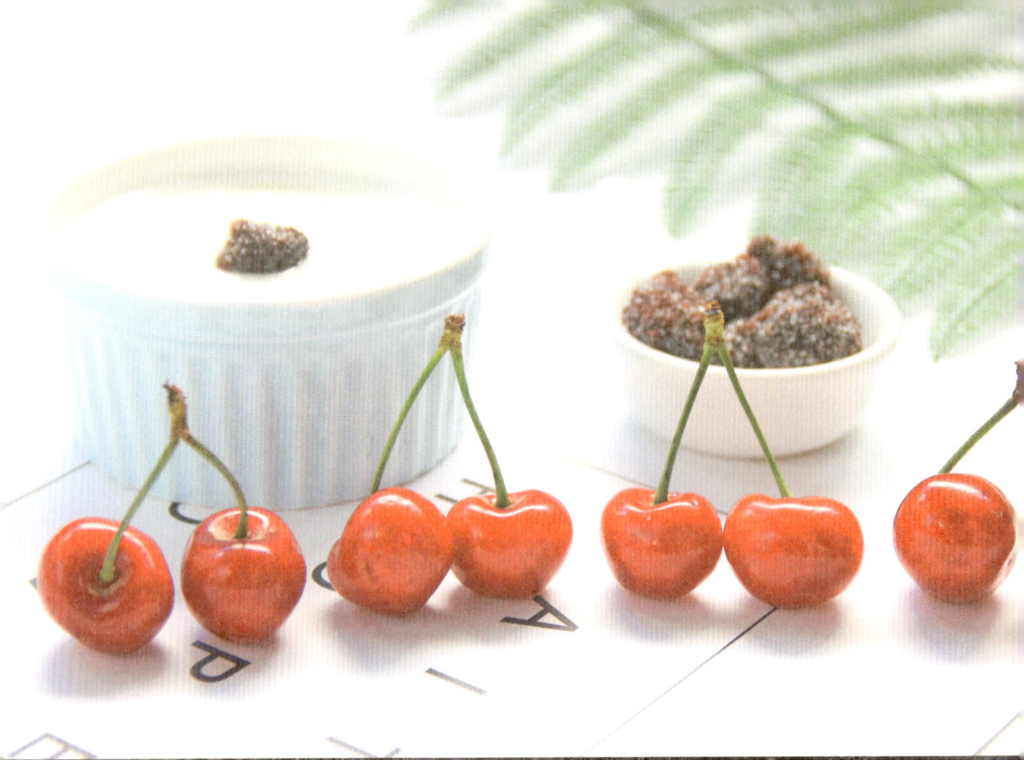

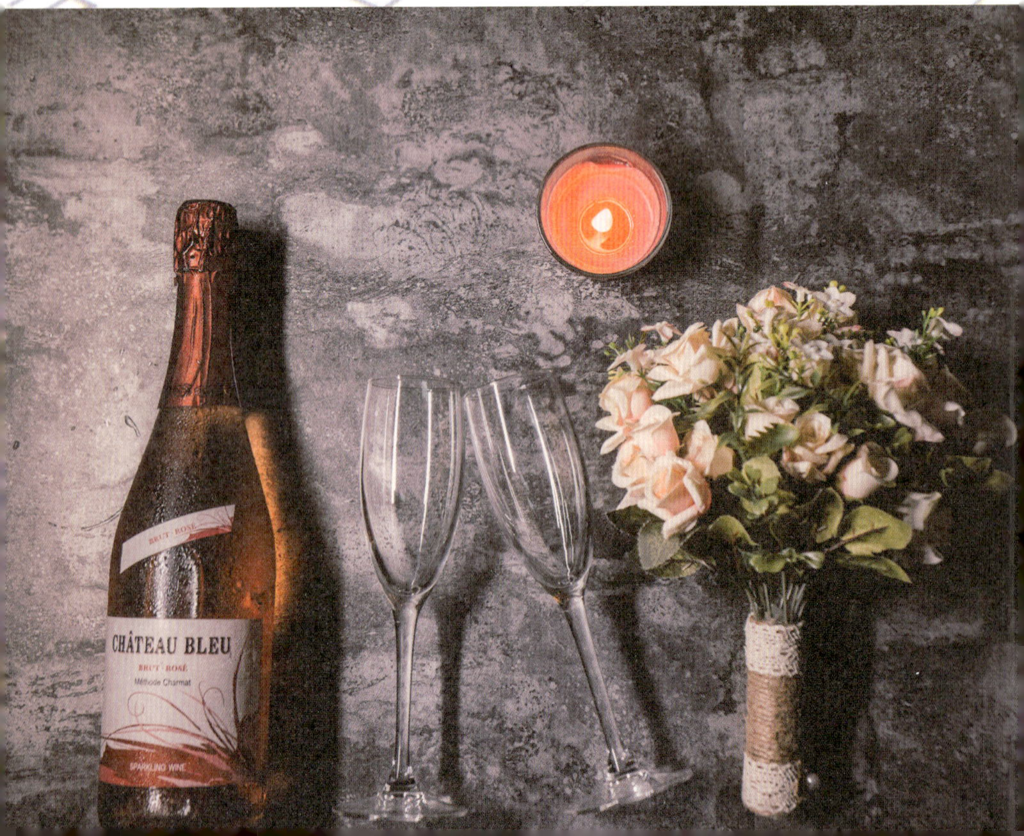
CHÂTEAU BLEU
Méthode Charmat
SPARKLING WINE

目錄

Part One 那些默默努力的人,都活成了一束光

別把生活想得太重,別把自己看得太輕　　／ 003

即使輸在起點,也可以贏在拐點　　／ 008

那些默默努力的人,都活成了一束光　　／ 015

你憑什麼把生活過成自己喜歡的樣子?　　／ 021

每個人的生活,都是自己選擇的結果　　／ 027

成功不只砥礪前行,還要懂得變通　　／ 033

世界總會獎勵那些不認命的人　　／ 039

不認命,你終將在自己的故事裡活成勇者　　／ 044

Part Two 成年人的世界裡,沒有考試鈴聲

成年人的世界裡,沒有考試鈴聲　　／ 051

真正能成事的人,都有這個特點　　／ 057

從「中年危機」到「中年契機」，你只隔著這兩字　　/ 064

做好眼前事，再想其他的　　/ 071

你那麼努力，卻無法成功的原因只有一個　　/ 078

能帶給你穩定的，從來不是所謂的「好工作」　　/ 084

不走捷徑，不湊熱鬧，不求完美　　/ 090

一個人如何活得淡定從容？　　/ 096

Part Three　不認命，才能盡興

優雅，就是努力生活之後的從容　　/ 103

千萬不要小瞧那個「窮講究」的人　　/ 109

比討人喜歡更重要的，是令人尊重　　/ 115

前半生有「不合群」的勇氣，後半生才有「不慌張」的底氣　　/ 120

最好的人生，是活出無限可能　　/ 126

你可以選擇放棄，但不能放棄選擇　　/ 132

天賦不能成就你的，堅持可以　　/ 138

所有逆襲，不過是拚盡全力後的苦盡甘來　　/ 143

Part Four　做自己的擺渡人

一個人披荊斬棘走出人生困局，就是成功　　/ 151

從哪一點，能迅速看出一個人的情商高低？　　/ 157

畢業20年後發現，和同學除了同齡，就沒啥相同的了　　／ 164

做自己的擺渡人，哪怕活成一支取經隊伍　　／ 172

那些所謂的好運氣，其實是一種能力　　／ 179

「隱形貧困人口」不可怕，關鍵是打算窮多久　　／ 185

好的人生，都有點兒「不靠譜」　　／ 191

成年人的潛規則：在高處時自律，在低處時自癒　　／ 197

Part Five 世上沒有毫無理由的橫空出世

所有的優秀，都從孤獨開始　　／ 203

你不必羨慕別人，只要自己步履不停　　／ 209

做對四件事，活出好人生　　／ 215

內心真正富足的人，從不炫耀　　／ 223

所有的成熟，都是從失去開始　　／ 228

活得好的女人，都有這幾個特點　　／ 235

能力，是女人另一種意義上的性感　　／ 242

學會俗氣地活著，才有个俗的人生　　／ 247

Part Six 帶著清醒，活出豐盛

有一種能力，是熱氣騰騰地活著　　／ 253

長得漂亮是本錢，活得漂亮才是本事　　／ 260

放下面子,才能扛起日子　　/ 266

成年人最好的活法,就是降低期待　　/ 272

收得住脾氣,才能留得住福氣　　/ 279

那些讓你不舒服的關係,就算了吧　　/ 286

真正厲害的人,都在過「低分貝」人生　　/ 292

人生最好的活法:讓自己開心,讓別人放心,讓家人安心　　/ 298

人生是一個不斷失去,
又不斷得到的過程,
就像朝露蒸發又凝現。
在這個得失反覆的過程中,
我們也一步步走向成熟。
這種成熟,是經過審視的智慧與圓融,
我們活得越來越通透純粹。

回·家

PRIVATE HOME CUISINE

一個人奮鬥的最大意義，
也許就是讓自己
和自己所愛的人，
活得更有尊嚴和底氣。

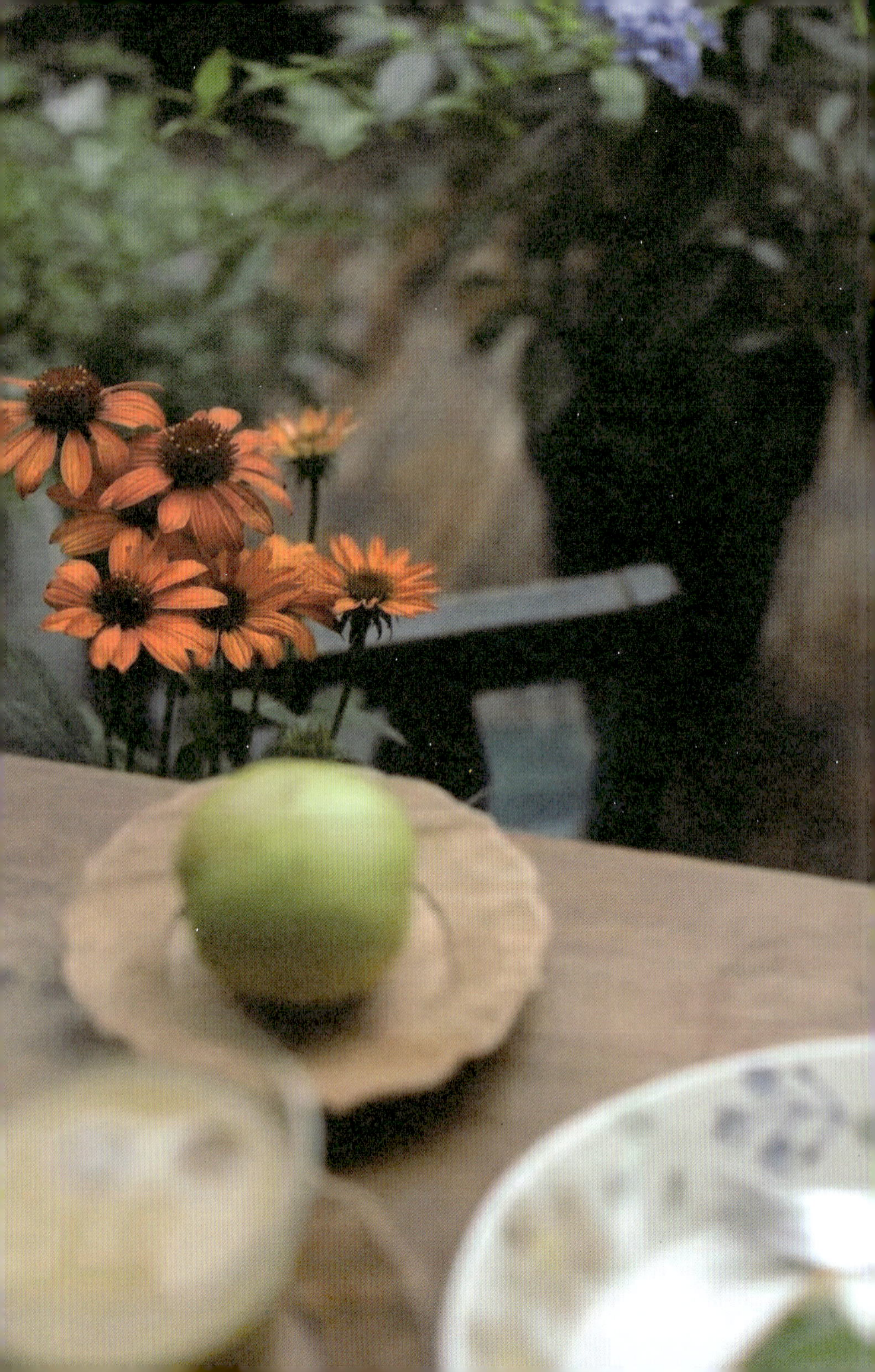

每個人的生活中都有一些不得已,
有時不得不學會妥協和讓步。
但日子不能將就,
把簡單的生活過得有滋有味,
是我們對抗生活、溫暖歲月的最好方式。

Part One

那些默默努力的人，
都活成了一束光

人生是場馬拉松，途中會有無數溝坎和障礙。
最終勝出的，不一定是佔得先機的人。

輸在起跑線上的平凡人，
只要不抱怨，不放棄，
努力過好當下的每一天，
最終一定會「逆天改命」。

我們無法選擇出身，
但是可以好好書寫自己的人生。

別把生活想得太重，
別把自己看得太輕

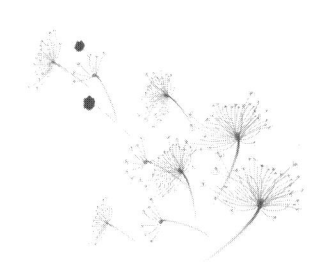

　　羅振宇在他的語音專欄「每天60秒」裡提到過作家賈行家寫的一個故事：

　　在城市的街角，有一個非常小的鋪子，之前在這裡做生意的人都失敗了。

　　有一天，來了一對小夫妻在這裡賣饅頭。他們把一張紅紙貼在門口，寫了店名。他們開店的工具就是一個電鍋，一天也蒸不出幾屜饅頭。鄰居都替他們擔心，這日子該怎麼過呢？

　　誰知，過了幾個月，買饅頭的人越來越多，紅紙上又添了幾個字，還賣花卷、糖三角和發糕了。

　　又過了幾個月，又添了煮黏苞米、自製大醬、鹹鴨蛋和鹹菜。

　　又過了幾個月，年輕的先生甚至租了一輛推車，要推出去在大街上賣了。

　　賈行家總結道，這家人「就像雨後抖動的一株草」。

　　這株草雖然柔弱，但是有一種令人感動的生命力，在平凡的生活中，活成了自己的英雄，成為打敗苦難的王者。

　　這對普通的小夫妻，通過一天天踏實地努力，生活越來越好。

也有一些人,他們像小夫妻一樣,最初拿了一手爛牌,卻沒有小夫妻身上那種「草」一樣的生命力,而是早早放棄了自己。

我的堂弟小強,初中畢業就四處打工,做過快遞員、裝修工、汽車修理工,不是嫌工作累,就是嫌賺錢少。

有一天,他偶遇自己的初中同學。那位同學已經是研究生畢業,進了一家國營企業當會計。小強頓感無比失落,開始埋怨父母當初不勸自己繼續讀書,埋怨父母沒有本事⋯⋯如今,他30多歲了,打工的錢仍養活不了自己,只好回家啃老,天天流連於網咖,徹底自暴自棄。

太平年代,很少有人生絕境。社會的每個角落,看得到自暴自棄,也看得到向光而行的生命力。而生活,永遠不會虧待用心經營它的人。

簡單的道理,卻不是每個人都懂。

有一次,我去朋友的公司辦事,看到一位女孩子在辦公室哭得梨花帶雨。

原來,朋友的公司前陣子招聘了兩個新人,現在只能留一個,被淘汰的女孩子來問為什麼。

為什麼呢?

朋友說，這兩個女孩子，剛來的時候，感覺資質差不多，但是，半年過後，卻分出了高下，A女孩得心應手，B女孩得過且過。

她舉了兩個例子。

第一個例子是：

公司有兩位女員工同時休產假，因此A、B女孩的工作量比較大，經常一個人得幹兩個人的活，還要加班。

A女孩雖然業務不熟練，但是努力做好每件事，除了幹本職工作，還經常幫助其他同事跑腿、訂餐。B女孩做起事情很仔細，不出差錯，但是效率特別低。

B女孩甚至對A女孩說：「你別那麼傻。幹得再多，功勞也是別人的，我們對得起這點薪水就行了。」

朋友接著說了第二個例子：

兩個女孩合住在朋友閒置的兩室一廳的房子裡。朋友有天晚上去那裡拿點東西，發現A女孩的房間乾淨整潔，有一股淡淡的薰衣草香味，窗台上擺著幾盆小小的多肉，還有一株綠蘿，B女孩的床上卻堆滿了衣物和化妝品，感覺都沒坐的地方。

朋友對我說，平時B女孩比A女孩打扮得更加光鮮亮麗，沒想到私底下這麼邋遢。

時光不會辜負一個平靜努力的人。一個對生活敷衍潦草的人，不會有太大的出息。認真、努力生活的人，才會充滿希望且有無限

的可能。

～

幾年前我去北京，受親戚所託，給她北漂的女兒帶了些東西。

我找到女孩居住的地下室時，已經到了傍晚，她正準備吃晚飯：一碗速食麵，上面放著一個煎蛋，還漂著幾片油菜葉。這碗冒著香氣的泡麵，為昏暗逼仄的地下室增添了濃濃的生活氣息。

女孩笑著對我說：「生活已經很苦，就更不能虧待自己了。」

地下室裡唯一值錢的是一台蘋果筆記型電腦，那是她的「兵器」，她經常用電腦寫稿子。

我看她很瘦，臉色也不好，勸她多注意身體。她笑著說：「沒事兒，我想趁年輕努力幾年，買間小房子。」

前幾天，我在街上遇見了女孩和她媽媽。媽媽說起女兒一臉自豪。她說，女兒早從雜誌社辭職了，進入了一家自媒體公司，憑著良好的文字功底和兩天一篇稿子的勤奮努力，收入越來越高，去年，她貸款買了一套40平方米的小房子，雖然小，但是裝修得特別溫馨。

女孩聽母親說完，笑著解釋道：「我媽就這樣，好像我成了大企業家似的，見誰都誇我。其實，我就是一個普通人，一輩子也成不了大器。」

在平凡的生活中，一天天腳踏實地地努力，慢慢地積累，也許最終不會驚天動地、轟轟烈烈，但卻有一種潤物細無聲的力量，讓自己擁有更好的未來。

這些年，我們被所謂的成功學激勵著，眼光望向各行各業的名人大咖，羨慕他們的生活，渴望複製他們的成功經歷。

其實，這個世界上，不是你努力就可以成功。在成長、環境、機遇等諸多因素的影響下，即使所有的人都很努力，最終走到金字塔頂端的人也寥寥無幾。大多數人，一生努力，一生默默無聞。但是，這不是我們停止腳步的理由。

生活沒有我們想的那麼輕鬆，也沒有我們以為的那麼沉重。只要努力過好當下的每一天，不放過每一個細小的機會，那麼，你吃過的苦，最終會成為通向美好未來的路。

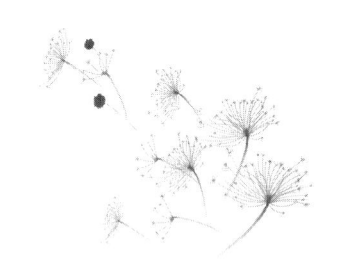

即使輸在起點，
也可以贏在拐點

有一次，我參加一個兩代人的聚餐，席間恰好有兩個同齡的男孩，一個剛剛考取了研究所，另一個則落了榜。

兩個男孩有說有笑很開心，落榜男孩的媽媽卻憂心忡忡，嘆了一口氣悄悄對我說：「他倆以後的人生起點就不一樣了，我的孩子輸在了起跑線上。」

對這位媽媽的話，我不敢苟同。

在我看來，人生是場馬拉松，途中會有無數溝坎和障礙，最終勝出的，不一定是佔得先機的人，而是逢山開路、遇水搭橋、一路咬牙堅持、懂得把握拐點的人。

因為輸了起點，還有拐點。

我認識一位攝影師，他的攝影作品經常刊登在著名的攝影雜誌上，還擁有自己的攝影工作室，想要找他拍照，得提前兩週預約。

其實，大學時他的專業是電腦。畢業後，他考研究所失敗，應

聘到一家網站做編輯。

每天，他都要穿過大半個城市去上班，通勤時間達三個多小時。更令人沮喪的是，這份工作與他的專業不對口，薪水也不高，付了房租、生活費後所剩無幾。

因為工作原因，他認識了幾位攝影師，得知他們收入不菲，他心動不已，也想透過攝影改變生活。

他拿出全部積蓄買了單反相機，每天忙完工作，就去各個攝影論壇取經，學習各種攝影技術。每個週末他都拿著相機外出拍照，模仿論壇裡高手們的拍攝思路，不斷實踐。他還購買了一系列攝影技術教學的視頻課程，每天在上下班的地鐵上堅持聽課一兩個小時。半年後，100多堂課程學完了，他的攝影技術也提高了一個層次。

業餘時間，他應聘到一個攝影工作室做助理，認真學習和揣摩攝影師的打光和硬照拍攝技術，漸漸地，他能幫人拍攝簡單的人物照片了，也有了一些額外收入。

幾年後，他的照片拍得越來越好，開始拿獎。在業內小有名氣後，他成功跳槽到一家攝影網站，薪水翻了幾倍。

去年，他36歲，在北京開了自己的工作室，和妻子一起打理，有5名員工。

從小鎮青年到城市中產，他用了十幾年時間，實現了彎道超車、逆風翻盤。

人生是場馬拉松，每個階段都會有超越自我的拐點，只要抓住其中一個，我們就能實現提速，抵達成功。

一時的困頓失意不算什麼，耐心做好自己，積蓄足夠的力量，在命運的轉折來臨時，才能破繭成蝶。

人沒辦法選擇出身，除了極少數的人天生就拿到一副好牌，大多數人出生在普通人家，容貌一般，資質平平，甚至可能很差。面對這一切，你或許會懷疑成功的可能性，但絕不能早早就向命運低頭。

~

我們每個人都無法選擇自己的出身，但是可以選擇如何度過自己這一生。

命是父母給的，運要靠自己去掙。

剛開始工作的時候，我在公司附近的一個院子裡租屋，我住兩間，另外一家四口住三間。這家人有兩個女兒，大女兒讀初二，妹妹上小學五年級。

夫妻倆都只有小學畢業，男的在外打工，女的在家照顧孩子，也接一些手工活做，日子並不富裕。

住得久了，兩個女孩經常來找我輔導功課。比較起來，大女兒不如妹妹聰明伶俐，有時候一道題要反覆講好幾遍她才明白，妹妹則一點就通。

但是姊姊很踏實，也有自己的理想和目標，妹妹則有點怕吃苦，寫作業經常「偷工減料」，還常藉口身體不舒服不去上學。

一年後，公司分了宿舍，我搬了出來，但是一直和這家人保持著聯繫。

後來，得知大女兒考上了大學，又保送了研究生，畢業後，去了一家證券公司工作。小女兒則沒讀完高中，輟學後一直輾轉各處打工，平均半年換一份工作。

大女兒結婚的時候，我去參加婚禮，見到了姊妹倆——同一個家庭走出來的兩個人，人生已經不在同一賽道上了。

這些年，我見過太多吃不起學習的苦，放棄努力的人；也見過一些沒機會讀書，卻抓住生活的拐點，逆風翻盤的人。

相聲演員岳雲鵬十幾歲時因家貧交不起68元的學費，被老師和同學們嘲笑，一氣之下輟學進京打工。

他的第一份工作是工廠保全，但是因為年紀小，上夜班時忍不住打盹而被扣發了工資，第一個月不僅沒領到錢，還欠廠裡20塊。那種欲哭無淚的心情，多年以後他還記得，並寫進了自己的相聲。

隨後，他一路輾轉，做過廚房助理、飯店清潔員，甚至在工地上當過焊工⋯⋯他沒有賺到錢，還經常受欺負，讓他印象最深的一件事是他在飯店工作時，因為給客人結帳算錯了錢而被罵了幾個小

時，還丟了工作。19歲，他終於否極泰來，成了郭德綱的徒弟。

但是，和師父的其他弟子相比，他年齡大，基礎差，連普通話都說不流利。為了趕上大家，他下足了功夫：別人一天睡6個小時，他就睡4個小時；別人學戲曲，他課後自動加學評書、散曲……

成名後，他得了腮腺混合瘤。為了舞台形象，他選擇了效果好卻比較痛苦的手術方案：本來是40分鐘的小手術，做了4個小時。說起這段手術，岳雲鵬的眼裡湧出了淚花，可想而知當時的痛苦。但他用努力與付出，為自己贏得了一條艱苦卻充滿希望的人生之路。

任何形式的成功，都經歷了艱苦卓絕的過程。出身不好不應是不努力的藉口，而應是成功的動力。

你有多努力，世界就有多公平。

年齡漸長，我們越來越清楚，這個世界上沒有絕對的公平：有人一生的夢想就是去羅馬，有人一出生就在羅馬；也有人一出生就與貧窮為伴，有人一出生便錦衣玉食；有人一輩子沒摸過鋼琴，也有人出生在鋼琴世家；有人奮鬥多年就為了去咖啡館喝杯咖啡，而有人卻早已喝膩了咖啡……

在我的家鄉流傳著一個真實的故事：

有一個男孩出生後就被遺棄，養父母家裡沒有兒子，就收養了他。男孩聰明，剛開始讀書時幾乎每次考試都是第一名。但是，因為養母身體不好，他經常幫家裡做農活，缺少學習時間，初中以後，成績慢慢滑到了中游。

他中考成績一般，念了一所普通高中。那一年，養父生病住院，花了很多錢，他連學費都是借的。高中三年，他一邊照顧生病的養父母，一邊發憤讀書。大學畢業後，他考取了公務員，留在北京工作，用實力改變了自己的命運。

後來，他成了官員，關注民政幫扶政策，給許多貧困家庭解決了困難。

正如教育家俞敏洪所說：「你不努力，永遠不會有人對你公平。只有你努力了，有了資源，有了話語權以後，你才可能為自己爭取公平的機會。」你抱怨憤懣都沒用，只能通過努力去改變種種不平衡。

你只有不認命，才能用持續不斷的努力迎來好命。

我們奮鬥的目的是成功，但現實是，很多人拚盡了全力，卻終其一生也實現不了自己的夢想，達不到世俗意義上的成功，這是人

生的常態。

其實，成功有很多種，要看衡量標準是什麼。陶淵明辭官不做，隱居到南山下，修籬種菊，成就了千古風流；蘇東坡一生仕途坎坷，卻在不斷的流放中，成了詩詞書畫大家；也有很多普通人，為了照顧父母，離開北上廣繁華都市，回到家鄉小城生活……

只要在一生中，通過不斷努力和日復一日的正向生長，讓自己和家人的生活一點點變好，即使最後不能成功，命運也已經悄悄賜給你一種光芒，讓你能夠在深淵裡仰望星空，在人群中閃閃發亮。這是另一種意義上的成功。

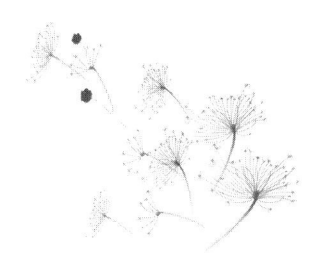

那些默默努力的人，
都活成了一束光

上個月，我所在的一個自媒體作者群裡，有位文友的新書出版了，大家紛紛祝賀。好多人向這位文友討教經驗。她說，其實沒什麼，堅持寫，寫得多了，就有希望了。

這位文友是職場女性，左手工作，右手寫作，那些好文章都是擠出時間來寫的。

她曾和我說過，她每天早晨5點就起床寫作，雷打不動寫2個小時，晚上只要不加班，也會寫幾個小時。因為要長時間盯著電腦螢幕，她的眼睛經常乾澀刺痛，視力也有所下降；久坐不動，也使她的腰經常痠痛。

寫作初期，她遭到了老公和家人反對，公司裡也有同事譏諷她「白日做夢」，但她還是堅持在做好工作和家務之餘，沉浸在文字的天地裡，慢慢寫出了成績。

另一位文友羨慕之餘，開始抱怨，從公司的加班，到孩子的不

聽話、老公的不體諒,甚至周圍人的冷嘲熱諷,都成了妨礙她寫作的可恨之處。

在生活中,我們經常遇到和上述兩位文友相似的人。

一種人,偶爾發憤,經常懶惰,但總能找出各種理由來抱怨,不是原生家庭環境差,就是老闆偏心眼瞎,再不就是孩子不聽話。和他交流之後,你會覺得胸口發悶,有一種向下的力量拖拽著你墜入黑暗,讓你好幾天都緩不過神來。

另一種人,始終朝著自己的目標默默前行,你只要靠近他,就能感受到一股溫暖向上的力量,彷彿一束光,引領你穿越低谷和黑暗,看到希望。

放眼周圍有所成就的人,沒有哪一個的成功是抱怨來的,都是一步一個腳印走出來的。愛抱怨的人,永遠過不好這一生。

作家劉同說過:「抱怨身處黑暗,不如提燈前行。」
願你在自己所在的地方,成為一束光,照亮世界的這一角。

~~~

瑜伽課上,我認識了一位女子,她身材頎長,氣質優雅,從內到外散發著一種明亮但不刺眼的光芒,所到之處,周圍的人都會感受到一種溫暖美好的力量。

我被她吸引，漸漸和她成了無話不談的朋友，知道了她的故事。

她的父母都是工人，家裡還有一個弟弟。她12歲那一年，父親雨後到屋頂維修漏雨的縫隙時不小心摔了下來，斷了一隻胳膊，從此失去了工作。

為了減輕一家人的生活負擔，她主動輟學，去深圳打工。每天在流水線上工作長達16個小時，發了工資，她只留200塊錢，其餘的都寄回家。

後來，她當了組長，用心學習各個環節的技術和管理，開始研究電子廠的生產和發展前景。

七年後，她回到老家，和別人合夥辦起了電子廠。

賺得了第一桶金，她又抓住了房地產行業的風口，成了當地最成功又最低調的企業家。

現在，她已經是兩家企業的董事長了。

當初開工廠的時候，她被地痞流氓敲詐，被客戶拖欠貨款，被合夥人欺騙……每一件事都驚心動魄，足以讓一個不到30歲的女子如臨深淵，止步不前。但她卻一件件扛了下來，如今說起來，像是在說別人的故事，雲淡風輕。

最令我佩服的，是她在事業之外婚姻幸福，一雙兒女也很優秀。

一般來說，女性要做出一番事業，往往面臨無法兼顧家庭的困擾。

我問她是怎麼平衡這兩頭的？她說，其實家庭和事業根本不可能做到兩全，關鍵要在每個階段努力解決好比較重要的問題，更多時候，是靠工作積攢起來的底氣和實力彌補家庭的缺憾。

例如，孩子小的時候，她堅持晚上自己帶孩子，有時候出差也帶著；孩子上了小學，她請了專門的家教；她平時比較忙，就每年給公婆和自己的父母安排兩次旅行，開銷都由她來出。

當你拚盡全力活成一束光，不僅照亮了自己的人生，還溫暖了周圍的一切。

當一個人活成了一束光，自然有穿越黑暗、驅散陰霾的力量。

我和閨密梔子一起參加飯局，偶遇她的一位前同事。席間，那位女同事對梔子極盡誇獎，回憶起在一起共事時梔子的種種優秀表現，說自己早就知道梔子不是一般人，肯定不會屈居小城，隨後又反覆表白自己當初對梔子的各種關懷提攜，態度親暱地拉著梔子的手說，希望梔子以後多多關照……

原來，梔子離開小城後，成了那位女同事的上司。女同事說得

眉飛色舞，梔子只是淡淡地笑著，並不接話。

酒席散後，那位女同事還追出來，直到把梔子送到車前才離開。上車後，梔子說：「別看她表面好話說盡，一轉身，不知道又和誰八卦、造謠生事去了。」

一開始，梔子也曾和她關係不錯，拿她當大姐，什麼話都和她說。沒想到，女同事卻利用梔子的單純和信任，在梔子的事業順利起步時，在背後無數次惡意中傷。梔子屢遭不順後，有好心的同事看不過去從旁點破，她才知道插到自己身上的刀從何而來。

後來，梔子發憤學習，離開了原單位，成了那位同事的上級。如今，歷經世事磨練的梔子變得世事洞明，不會再受他人哄騙了。

最關鍵的是，梔子通過自己的勤奮努力，變得更強大，讓自己活成了一束光，不但躲得開明槍暗箭，對待曾經傷害自己的人，也有了笑看落花的淡定從容。

知乎上有一個問答：人要怎樣才能活成一束光？有一個超讚的回答是：一直努力！

震撼世界的港珠澳大橋通車時，工程師林鳴上了百度熱搜。
林鳴和他的團隊歷時八年，從零經驗起步，創造了一個又一

個「第一」。在這個過程中，對每顆螺絲釘都要求零失誤，箇中艱辛，常人無法想像。

有記者問他成功秘訣。他回答：「人生只有一個標準，只有一種態度，那就是不斷奔跑，把每件事做好。」

令人欽佩的是，林鳴還每天堅持從工程部營地跑步到淇澳島，來回十多公里。一個年逾六十的人，每天工作那麼忙，肩上的擔子那麼重，怎麼還能堅持天天跑步？對此，他說：「如果跑步都不能堅持下來，那為國家建設世界級的工程項目還能堅持下來嗎？」

人生只有一次，要過怎樣的生活，取決於自己的努力和堅持。成功並不複雜，很多時候，多堅持一會兒，就多一分希望，多一個機會。當你戰勝了困難，活成一束光，生命的意義也在延伸。

就像復旦教授陳果所說：「這個世界上，當你活成一束光的話，誰要接近你，誰就是接近了光明，那也是對他者的負責和對他者的造福。」

願每個人都活成一束光，溫暖自己，照亮他人。

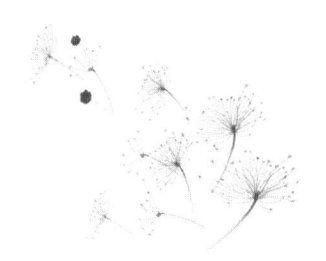

你憑什麼把生活過成自己喜歡的樣子？

有一天滑手機時，看到一位寶媽發的朋友圈：早起跑步第97天，體重56公斤。配圖是體重秤上的數字，和一張帶著汗水的自拍照。

這位寶媽去年生了女兒後，體重一度暴漲到了75公斤。

產後三個月，她就開始有計畫地減肥，除了每天早起在跑步機上跑步，還在飲食上下功夫。

見過太多**轟轟**烈烈宣告減肥，最後卻悄無聲息的人，所以，對她當初的「宣言」，我也沒放在心上。沒想到，一天天過去，她真的瘦下來了。雲淡風輕的背後，是無人知曉的咬牙堅持。

對於這樣的人來說，開頭和結尾都是自己寫的。他們有野心，也會為了實現自己的野心而努力打拚，直到成功。

生活中，很多人都有過給自己打雞血的經歷。然而，從下決心到放棄，往往只有很短的時間。

喊著要早睡，決心不碰手機，卻還是忍不住滑手機到凌晨；想著要減肥，可是堅持了幾天，就找各種理由放棄；下決心要讀書，可堅持讀了不到半小時，就昏昏睡去……如此反反覆覆，最後徹底對懶散的自己妥協，不再振作一下。

渴望過上自己想要的生活，卻不願為之付出努力和汗水。你可以放過你自己，但生活不會那麼仁慈。只有持續努力的人，才能抵達心中的詩與遠方。

正如英國作家塞謬爾・強森所說：「成大事不在於力量的大小，而在於能堅持多久。」

唯有步履不停，才能抵達自己想要的美好。

～～～

成功的人，都明白能力比美貌更高級。

不可否認，一個人長得好看，會得到更多的機會和助力。有時候，顏值也是一種實力。

但美貌是最容易消逝的「易碎品」，再漂亮的人，也會有老去的那一天。從林青霞到張曼玉，誰也逃不過歲月的侵蝕。

美貌是消耗品，會隨著年齡增長而越來越貶值，只有融入骨子裡的氣質與才華，才是不斷升值的「奢侈品」。

古今中外，那些活得漂亮的人，無不是美貌與智慧兼備。

上官婉兒是皇帝的「昭容」，但讓她青史留名的是作為大唐「女宰相」的才幹；可可‧香奈兒容貌嬌俏，但讓她蜚聲世界的是香奈兒這個百年時尚品牌；林徽因是民國四大美女之一，但人們真正敬慕的是她的文學才華與建築成就……

你可以珍愛你的美麗，但千萬不要以為憑藉美貌可以輕鬆獲得想要的一切，因為當動人的外貌隨著年齡的增長衰減，而你卻沒有立足能力的時候，你會發現，自己只能接受被生活拋棄的命運。

長得漂亮是優勢，但往往只能受益一時；活得漂亮才是本事，會影響你一世。作為一個女生、一個漂亮女生，應該怎樣獲得自己想要的生活？

答案是：有能力掌握自己的生活，承擔自己的選擇，並在這條道路上，不攀附，不依附，大膽勇敢地遵從自己內心的呼喚，活成最本真的自己。

沒錯，這樣的女人不必擔心午齡增長，她們憑藉自己的氣質、知識、品味、眼界、心胸，自然就成為人堆裡最耀眼的那一個。

一個人要想過好日子，就得學會對自己好，而在對自己好之

前，先對自己狠。

　　我的表妹小嬋大學畢業五年，已經換了三份工作。她的第一份工作在老家，月薪3000元。這份工作倒是輕鬆，但是表妹覺得薪水太少，不夠自己買化妝品，於是果斷辭職。

　　每次見面，都能看到她的梳妝台上堆滿了國際大牌化妝品。我告訴她，青春本來就是美啊，不需要過度養護。她笑著說：「女孩子嘛，就要對自己好一點啊！」

　　她的第二份工作是在一家私人企業，薪水比較高，但是常常假日還要加班。一年後，表妹在家人的反對聲中辭了職。她說，看著自己熬黃的臉，覺得快嫁不出去了。

　　辭職後，她去了北京打工。

　　前陣子微信聊天時，她吞吞吐吐地向我借錢。一問之下，才知道她嫌室友煩擾，自己租住了一套小公寓。我說那你的薪水也足夠啊。她發了個可憐的表情，說剛買了新手機……

　　我告訴她，一個人想過好日子沒錯，但前提是你得有過好日子的能力。那些過得好的人，都對自己狠過。

　　章子怡在拍攝電影《一代宗師》時，因為艱苦的武術訓練而多次受傷，用她自己的話來說就是練掉了半條命；女作家嚴歌苓為了去美國哥倫比亞藝術學院學習寫作，從認不全26個英文字母開始，憑藉《新概念英語》和一本英語字典，苦戰17個月，通過了

托福考試；郭晶晶7歲就開始艱苦的跳水訓練，拿過27個世界冠軍，因為長期訓練，雙目險些失明……

那些大家眼中的成功人士都是一路艱辛走過來的。吃小苦，擁有小成就；吃大苦，擁有大成就。

努力終有回報，你只負責努力，上天自有安排。

不管是功成名就的名人，還是普通老百姓，在過上好日子之前，都對自己狠過。

我認識的一個女孩子從小就有一個員警夢，可惜，高考的時候，體能沒過關，與警校擦肩而過。

女孩子畢業後就結了婚。一個偶然的機會，她遇到當員警的同學，得知幾個月後有招考機會，她的夢想再次被點燃。

可是，她遭到了全家人反對。因為那時候，她懷孕四個多月了，家裡擔心她受苦，也擔心影響孩子。

她排除萬難說服一家人後開始備考。孩子出生前，她參加了考試，並順利進入了複試。但是做員警對體能要求比較高，而她產後胖了二十多斤。為了減掉這二十多斤，把體能練好，寶寶不到兩個月，她就開始健身減肥。接著，她提前給孩子斷了奶，每天去公園跑步，晚餐只吃水果……

那一年,她終於成了一名女警官。

很多時候,夢想不分大小,只要你肯努力,就可以把生活過成想要的樣子。

那些過得精采無比的人,其實並不比你優秀多少,只是他們有自己的想法與追求,並且有勇氣去承擔和堅持。

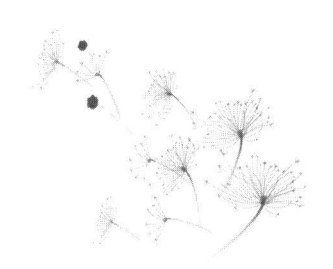

每個人的生活，
都是自己選擇的結果

自從半年前搬入新居，我經常會在打掃時心生憤懣。

其實，新房子很大，南北通透，有落地大窗，陽光充足。我也不是生氣先生不做家務——我早已聽從情感專家的引導，把每次家務都當作瑜伽課，在做家務時儘量舒展四肢，一舉兩得。

讓我彆扭的是新房的中式裝修和歐式傢俱不搭調。

當初裝修的時候，先生將大權下放，從確定裝修風格，到選材料、現場監工等一切「權力」全歸了我。我披星戴月一個多月後，大功告成。

站在落地窗前，望著對面公園裡的曲徑通幽、湖畔荷花，我心想，家裡再擺上簡約款的中式傢俱，就是神仙生活了。於是，我和先生商量買中式傢俱。不料，先生早就看中了雕花繁複的歐式傢俱。

「可是，裝修是中式風格啊，這樣跨越中西是不是不搭調啊⋯⋯」我吧啦吧啦說了半天。

先生幽幽來了一句：「裝修什麼的都聽你的了，一個傢俱還不

能讓我說了算嗎？」

我一下子噎住了，覺得他說的好像有點道理。

於是，家裡成了中西混搭風格。

裝修完後，看著有點彆扭。我勸自己：也許看習慣了就好，家庭和睦最重要，忍了！但是，很快我就發現了新問題：歐式傢俱繁複的雕花和各種弧度，讓我每天的清掃難度大大增加。大掃除時，我得用刷子一點點刷乾淨那些花瓣浮雕和鏤空部位。

這幾個月，我時常鬱悶不已，無數次想把傢俱換掉，但是摸摸乾癟的錢包，只能默默忍了。我望著滿屋的混搭，開始自責：當初為什麼不據理力爭？為什麼不堅持？然後恨恨地想，都怪他……

就在我覺得自己快抑鬱了的時候，某天，我看到電視劇裡一個男人對女人說：「你今天的生活，都是自己選擇的結果，不能怪別人……」

那一刻，醍醐灌頂。是我自己不夠堅定選擇了妥協，造成了今天的懊悔不已，我必須為當初這個選擇承擔後果。還好，只是一套傢俱，等我哪天實在忍受不了，可以全部換掉。但是，生活中總有一些事情，我們做出了選擇，就無法反悔。

人的一生，其實就是一個個選擇的過程：讀書的時候選擇刻

苦，工作的時候選擇努力，結婚的時候選擇愛情，有了孩子選擇教育和陪伴……這樣的人生，一般不會太差，不必悔不當初。

也許有人會說，還有原生家庭的影響啊。但是，原生家庭真的會決定一個人的命運嗎？

最近看了一個英國的紀錄片：《富哥哥，窮弟弟》。伊凡和大衛是一母同胞的親兄弟，伊凡比大衛年長一歲，他們的父親是員警，媽媽是銀行小職員，一個普普通通的家庭。

他們從小一起長大，可成年後，兄弟倆卻過上了天差地別的生活：哥哥伊凡成了擁有幾棟別墅的金融界精英，出入上流社會，偶爾參加慈善晚宴，工作是在全世界飛來飛去；而弟弟大衛卻成了沒有房子、沒有家庭、孤身漂泊的流浪漢。

命運的差距是怎樣拉開的呢？紀錄片裡可以看到：

伊凡21歲離家創業，做小生意賺到了人生的第一桶金時，大衛沒考上大學，到修理廠做了一段時間學徒，但沒能堅持下來。

伊凡起早貪黑打零工，拖著疲憊的身軀回到家時，經常會發現大衛整天沒做任何事。

看到哥哥伊凡的事業越做越紅火，弟弟也想發財，但無論做什麼，都是三分鐘熱度，於是自暴自棄。

25年後，哥哥伊凡想不通弟弟為何不能找一份穩定工作，告別漂泊的生活；而弟弟大衛對哥哥的致富之道深惡痛絕，經常諷刺哥哥是「虛偽的資本家」。

整個紀錄片看下來，好像沒有哪一件事足以成為兄弟倆命運的分水嶺，不過是一次次看起來不起眼的選擇，讓兩個人越走越遠，最終成為最熟悉的陌生人。

原生家庭很重要嗎？很重要，但是，自己的選擇更重要。選擇自律、努力與選擇自在、懶散，一年兩年也許看不出什麼差別，

但是，時間是公平的，它會在適當的時候給出結果。

有一句話說得好：20多歲不努力，30多歲的你只是成為一個老了10歲的窮人，再過幾年，就會成為一個又老又窮的人。

～～～

吳軍老師在專欄《矽谷來信》中談到命運時，講了三個朋友的故事：他們都是清華大學畢業，畢業後都進了高校當老師。

朋友A在大學工作的時候，受到了各種排擠。恰逢某部委招人，A便報名參加考試，離開學校當公務員去了，後來發展得很不錯。

朋友B還留在學校裡，混得很一般，雖然經常抱怨、不滿，但人到中年，沒勇氣改變。

朋友C在學校分房的時候，感覺受到了不公平對待。他憤懣之後，冷靜下來，選擇了出國留學，現在成了非常著名的學者。

他們是同一所校園裡出來的同學，又都成了大學老師，最終，

命運卻各不相同。區別就在於看問題的方法和做事的方法。有著不同的認知，做出不同的選擇，從而有了不一樣的人生⋯⋯

女作家王瀟說過：「生活是一場電影，這場電影裡其實有兩個編劇：你和命運！我也不知道命運是什麼，命運寫了什麼，我知道的是，我們倆一起寫作。它經常出其不意，尤其是在特別糟糕的時候。」

是的，人在做選擇和決定時，一定要努力排除情緒的干擾，進與退、去與留、愛與不愛，都要慎重抉擇。一旦認定最佳方案，就努力去踐行，然後，勇於為自己的選擇埋單。

～

生活、職場如此，情感也不例外。

我認識一位漂亮能幹的大姐，老公去世後，她嫁給了一個小她7歲的男人。那人除了嘴巴甜、皮相好，什麼忙也幫不上。在她胼手胝足打江山的時候，那人整日無所事事，呼朋引伴，花錢如流水。

我們替她擔心，她卻笑著說：「他養眼又聽話，這就夠了啊。錢我可以賺，總不能樣樣都讓我佔了啊。」

的確，生活如人飲水，冷暖自知，你之砒霜，她之蜜糖。

大多數人的生活，都是自己選擇的結果，而一個個選擇，構成了自己整個的人生。很多時候，選擇沒有對錯，關鍵是，明白自己的選擇可能帶來的結果，並有能力、有勇氣為自己的選擇承擔後果，而不是在壞結果來臨時，逃避、抱怨、走極端。

　　人生的每一步都很關鍵，選擇請慎重。而一旦選擇了，就會有利弊得失。利弊要一併承擔，還要做到落子不悔。

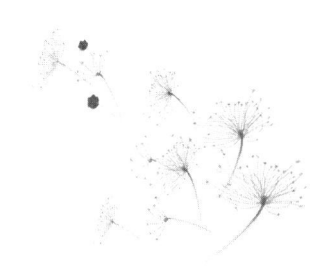

成功不只砥礪前行，
還要懂得變通

　　十九世紀中葉，美國加利福尼亞州發現了金礦。消息傳開後，很多人覺得這是一個千載難逢的發財機會，紛紛奔赴加州。17歲的男孩亞默爾也跟隨淘金的人們，歷盡千辛萬苦，趕到了加州。然而，由於淘金者大量湧入，金子越來越難淘。

　　不僅如此，因為當地氣候乾燥，水源奇缺，許多不幸的淘金者不但沒有發現黃金，反而被飢渴折磨得半死。

　　聽著周圍人對缺水的抱怨，亞默爾靈機一動，淘金的希望太渺茫了，還不如賣水呢。

　　但他的選擇引發了很多人的不解與嘲笑。

　　儘管大家都勸他不要放棄，亞默爾依然不為所動，將手中挖金礦的工具變成挖水渠的工具，從遠方將河水引入水池，用細紗過濾，成為清涼可口的飲用水，然後將水裝進桶裡，挑到山谷一壺一壺地賣給找金礦的人。後來，當很多淘金者發財夢斷時，亞默爾卻已經成了一個小富翁。

很多時候，不是一味堅持就能成功，另闢蹊徑，才能擁有更多機會。

古時田忌和齊威王賽馬，沒有硬碰硬，而是避其鋒芒，最終以弱勝強；俞敏洪從教培轉型直播帶貨，盤活了新東方⋯⋯在不斷變化的情境中，有時我們需要的不是朝著目標執著努力，而是在隨機應變中尋找新的出路。懂得變通地生活，才更加順暢易行。

一個人既要有一往無前的勇猛，也要懂得審時度勢的變通，這樣才更容易成功。

～～～

生活中，有才華和夢想的年輕人很多，成功的也不少。但人們往往只看到成功者的光鮮，很少關注其本質。其實幾乎每個成功人士，都經歷和承受住了不為人知的磨礪和考驗。

夢想的實現機率，和一個人的承壓能力是成正比的。新東方的創始人俞敏洪在北大讀書的時候，是全班唯一一個農村來的孩子，因為不會說普通話而被嘲笑，因為英語成績爛而被分到C班（語音語調和聽力障礙班）。

期間他還因病休學一年，但是通過後期努力，他畢業後得以留校任教。後來因為在校外兼職受處分，在接近而立之年的時候，俞

敏洪辭職離開了北大。但他並沒有就此沉淪,而是默默尋找新的起點。

「北大踹了我一腳,當時我充滿了怨恨,現在卻充滿了感激。」俞敏洪離開北大後,沒有自暴自棄,而是走出了一條屬於自己的路。

在商業化的逐利時代,理想和情懷經常被踩到塵埃裡,如果不能改變環境,就先改變自己。生活對於初出茅廬的年輕人的確有點殘酷,要麼安穩守成過一輩子,歲月靜好,要麼就勇敢承受奮鬥帶來的坎坷與磨練。

有時候,成功的樂趣就在於苦盡甘來。忍得住寂寞,經得起磨難,才能開出絢麗的生命之花。

就像俞敏洪在北大演講時所說:「正是在美好和痛苦中間,在挫折、掙扎和進步中間,最後找到了自我,開始能為自己、為家庭、為社會做一點事情。」

前幾天,我去一家公司辦事,遇到了大學同學大林。原來,他是這家公司的法律顧問,這次是來處理事情的。跟他同來的,還有一位助理。助理告訴我,大林已經是我們省排名前三的律所的合夥人、知名律師。

看著大林舉手投足間透露出的從容大氣，我特別感慨。

算起來，他已經辭職了十七年。當年，他是大學畢業後，遵照父母的要求回家鄉工作的。他踏實肯幹、陽光開朗，大家都很喜歡他。

但是，他卻越來越不開心，越來越沉默。因為回老家進體制內單位工作是父母的建議，他內心是想去大城市打拚的。

幾年後，他決定辭職。記得當時我們大家還都替他惋惜，擔心他以後會後悔。

後來，他漸漸消失在大家的視野中，只隱約得知他考了司法證照，入職了省會城市的一家律所。如今，這麼多年過去了，他的人生已經風生水起。

人生如果走錯了方向，需要及時轉彎。如果害怕面對沉沒成本，固執地一條路走到黑，就會陷入更深的錯誤。

為了抵達夢想，我們需要砥礪前行的毅力，但是，也需要及時轉彎的勇氣。

我們羨慕那些成功的人，但我們不知道，每個成功的人，都是在暗夜獨行了很久，走過很多彎路，才走到陽光下，閃閃放光。如果只幻想成功，不通權達變，往往會倒在黎明前的黑暗中。

砥礪前行是能力，通權達變是格局。

二十幾年前，有一本很紅的書叫《誰搬走了我的乳酪》，講了一個非常簡單的故事：

有兩隻小老鼠匆匆和嗅嗅，一直在一個固定的地方享用著美味的奶酪。有一天，忽然所有的乳酪都消失了，其餘的老鼠都在憤怒地抱怨，牠倆沒有跟風，而是迅速穿上鞋子，尋找新的乳酪去了。

在人生這趟旅程上，沒有一馬平川，人人都會遇到一些坎坷。當挫折和變化來臨時，不抱怨，不自暴自棄，而是迅速調整思路，尋找新的「乳酪」和新的機會，這才是正確的成功方式。

我有一個同事，出身是地地道道的寒門。

有一次我們閒聊，他說其實畢業的時候，他已經保送了本校研究生，但是家裡條件不好，他還有一個即將參加高考的妹妹，身為普通農民的父母很難供養他繼續深造。

於是，他謝絕了導師的再三邀請和研究生畢業後推薦工作的許諾，找了份工作。

他說：「我早點工作，就可以早點賺錢供妹妹讀大學，父母也不用那麼辛苦了。」他的話平靜而堅定，沒有絲毫做出犧牲的感覺和任何的不甘。

工作滿兩年後，他參加了遴選，考到了省直部門，去了省城工

作。前幾天，他和我說，自己讀完了在職研究生，下半年，要去某個縣裡掛職鍛鍊了。他還告訴我，妹妹已經大學畢業，考上了研究生。

說起以前放棄讀研究所，他說，當時其實也很糾結痛苦，甚至在夜裡獨自流淚，可是，想想是為了自己的父母和妹妹，就不再痛苦，最終選擇了放棄，最終走出了一條曲中求直的路。

人生漫長，沒有一氣呵成的成功。尤其是作為沒有背景和資源的普通人，先謀生，再謀情懷，很重要。有時候，在爬山的過程中停一停，積蓄力量，也許能更早一些到達山頂。一味不顧一切地攀登，不懂迴旋，往往會中途而廢。

無論是生活還是工作，都是如此。根據自己的條件和具體情況及時調整思路和方向，是智慧，也更容易尋找到新的人生「乳酪」。

世界總會獎勵
那些不認命的人

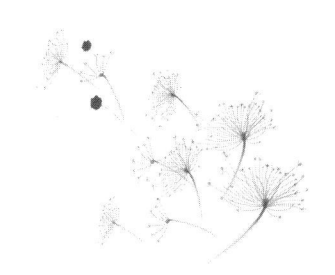

前央視主持人張泉靈曾經在一個行業大會上,做了一個名為《這個時代,為什麼我們沒有安全感》的演講,引起了廣泛關注,刷屏朋友圈。

為什麼沒有安全感呢?因為時代拋棄你時,連一聲再見都不會和你說。

那麼,怎樣才能不被時代拋棄呢?

努力,一直努力!有句話說得好:世界總會悄悄獎勵那些努力的人。

例如張泉靈,2015年,42歲的她從央視辭職時,在大多數人眼裡,已經是功成名就,光環加身。但是,她卻果斷辭職,離開了央視這個令人羨慕的大舞台。

有人勸她,已經四十多歲了,重新開始,怕是來不及了。她說:「只要好奇和勇氣還在,什麼時候開始都來得及。」

事實證明,她在一條完全不同的道路上,走出了屬於自己的精

采。這種敢於放棄、追逐夢想的勇氣,令人欽佩。

我和一個朋友說起這件事情時,她笑笑說:「有幾個張泉靈啊,她本身是名校北大畢業,而且在央視十多年,早已積累了大量的人脈和資源。現在這個時代,寒門難再出貴子。」接著,她長嘆一聲,「人比人,得氣死人啊!所以,我們得認命。」

真的是這樣嗎?

我忽然想起了北大畢業的女孩劉媛媛。她是《超級演說家》的冠軍,演講的《寒門貴子》刷爆網路,點擊量過億。她笑著說:「我們家不算寒門,我們家窮得都沒有門。」她的父母是普通的農民,卻把她和兩個哥哥都供到了大學,念了研究生。

劉媛媛的演講,我看了很多遍。說實話,她的聲音有點沙啞,相貌也不出眾,只是真情動人,身上有一種努力向好的勁頭,令人感動。

她最後拿了冠軍,但是,剛開始的時候,導師們並不看好她,甚至有導師直言她進不了決賽。可是,她卻憑著一股子不服輸的勁頭,一路過關斬將,笑到了最後。她的這段話,也鼓舞了無數追夢的人:

命運給你一個比別人低的起點,是想告訴你,讓你用一生去奮鬥出一個絕地反擊的故事。這個故事關於獨立、關於夢想、關於勇氣、關於堅忍;它不是一個水到渠成的童話,沒有一點點人間疾苦。這個故事是:有志者,事竟成,破釜沉舟,百二秦關終屬楚;

苦心人,天不負,臥薪嚐膽,三千越甲可吞吳。

後來,劉媛媛選擇自主創業,在北京擁有了自己的公司。用她的話說:「我一直在逆襲。」

你看,人生很多時候就是這樣,只要你自己不肯放棄,就沒有人能打倒你,無論你身在何處,富貴還是貧窮。

～～～

前段時間,有個親戚讓我幫她的孩子找工作。這個孩子初中畢業後開始打工,幾年內已經換了十幾份工作,每個工作都幹不了半年。

根據他的情況,我曾經給他建議過,既然不喜歡讀書,就踏踏實實學一門手藝,現在很多藍領技術工人待遇很好。可孩子不願意吃苦,家長也覺得自家孩子吃苦心疼,於是,五六年過去,一事無成。

我望著坐在沙發上唉聲嘆氣的孩子,給他講了一個我身邊的例子:那個男孩出身農家,靠自己的努力在二線城市買了房子娶了媳婦。可是,親戚家的孩子沒聽完,就不耐煩地說:「現在就是個關係社會,不都是靠關係嗎?靠打工什麼時候才能出頭啊!」

曾看到過一句話:「一個人成功的途徑大致有三條:一是繼承,二是婚姻,三是自我奮鬥。」

我們沒有投胎到一個富裕家庭，說明第一條路就走不通了。

結婚也是條捷徑，很多女孩子、男孩子憑藉婚姻，少奮鬥了十年甚至幾十年。可是，這樣的人，除了美貌，還得有才華和機遇。

剩下的唯一途徑，就是個人奮鬥了。親戚家的孩子卻說：「我沒文化，再怎麼努力也只能混在社會底層，沒什麼出息。」

但是，努力帶來的好結果不僅僅屬於那些名牌大學畢業的人。每個平凡的人，都可以站在自己的低立足點，努力再努力，讓自己活得越來越好，活得有尊嚴。

～

作家李筱懿在書中寫過她自己用過的一個神一般的保姆。

她只喝自己帶的茶，每個禮拜天都要休息，而且對女作家的飲食作息嚴加管束，甚至女作家要出去參加閨密聚會，也被她攔下，因為保姆有聚會。李筱懿只得換下小禮服，乖乖讓保姆休假。

為什麼一個保姆有這樣的家庭地位呢？因為她除了把孩子照顧得健康活潑，還能給李筱懿做固元膏，傳授中醫知識、生活小竅門⋯⋯家裡家外，除了英語能力，她是全能的，而且達到了很高的標準。

三百六十行，行行出狀元。現在，社會日新月異，何止三百六十行，即使不做狀元，努力做得不錯，也不會過得太差。

人們往往只看到一個人成功後的光鮮，而不關心他在一路上下了多少苦功，流過多少汗水。儘管從光閃閃的大牛到平凡人，有那麼多人的奮鬥手冊可以參照，為什麼還是有那麼多人不肯努力呢？

因為，努力很累，放棄很容易。但是，社會最終會用殘酷的現實告訴你，你選擇容易之路的結局和代價，就是被時代拋棄。

說到底，人生的精采，在於無論身處哪個階層，都能保持向前走、不悲觀的態度。外力不是人人能借，伯樂不會圍著你走，但無可借力不等於無路可走，打鐵還得自身硬。

只要肯努力，你就能改變命運，過得越來越好，越來越有底氣。十年、二十年過去，你終將過上自己想要的生活。

不認命，
你終將在自己的故事裡
活成勇者

　　網上有一張照片曾引發廣泛關注，照片上是一個胸前兜著嬰兒送餐的外賣小哥。

　　原來，那天外賣小哥的母親生病，妻子陪母親外出拿藥，他只好帶著不到一歲半的女兒送餐。

　　對此，有位網友評論說：「回想起自己在這座城市打拚的點點滴滴，莫名就被這張照片戳中了淚點。」也有網友為外賣小哥擔心道：「帶著小孩送外賣，要為孩子的安全著想。」

　　大多數網友按讚支持：生活不易，每個努力生活的人都值得尊敬。

　　很多時候，人們關注的是那些成功者，羨慕的是聚光燈下的光鮮亮麗。其實，在這個世界上，成功的畢竟是少數，更多的是努力奮鬥一生也默默無聞的普通人。

　　他們沒有含著金湯匙出生，也沒有站在時代的風口上，把握住逆襲的機會，而是在生活的壓力下輾轉騰挪，迎著壓力與磨難，與

命運抗爭，成為自己故事裡的勇者。

在熱播劇《都挺好》中，蘇明玉就是這樣的勇者。

蘇明玉從小不被重男輕女的母親待見：兩個哥哥的早餐是牛奶雞蛋加火腿，她卻只有一碗白飯；大哥出國，母親二話不說把她的房間賣了，她只能和父母擠在一起；二哥想去旅遊，母親一出手就給了2000塊，而她想要一本30塊的習題集母親都說沒錢；她明明可以上清華，母親卻堅持讓她讀不交學費的師範學院……

這也成了她和母親乃至整個家庭決裂的導火線。大學期間，她靠著發傳單、在超市做售貨員來養活自己，不要家裡的一分錢。

後來，蘇明玉在老蒙的帶領下，一步步成為集團總經理，住豪宅，開賓士。在蘇家父子面臨失業、買房、婚姻困境時，她一次次暗中出手相救，保全了蘇家。

說實話，電視劇裡的蘇家父子讓人看得憋氣，不時有砸東西的衝動，只有看到從苦水裡打拚出來的蘇明玉時，才會感到揚眉吐氣、心情舒暢。

電視劇結尾，蘇家實現了親情的回歸。但正如網友所說，這樣的大團圓結局在生活裡很難實現。

其實，現實中，像蘇明玉這樣在家裡不被待見的女孩子，也很難逃脫原生家庭的陰影，更遑論一路披荊斬棘成為令人羨慕的職場女高管。

在每個城市的角落,都有無數個蘇明玉這樣的女孩,她們在默默咬牙堅持,為了活下去,為了活得更好而努力打拚。

最終,她們也許仍然過不上電視劇裡蘇明玉那樣的生活,而是為一家子的房貸、孩子的學費、老人的贍養而努力打拚,不敢懈怠,但是,她們都在自己的故事裡活成了勇者,值得尊敬。

～～～

表哥的兒子阿誠在大學畢業後,考取了上海市公務員。每月5000多元的薪水,在支付房租、生活費和交通費之後,所剩無幾。遇上同學結婚,包個大紅包都要吃半個月泡麵。

有一次阿誠回家之前,表哥約我一起吃飯,讓我幫著勸勸孩子,實在不行就回老家吧,不然連房子都買不起。

見到阿誠後,我先問了他上海的工作和生活情況。他坦言壓力很大。我順勢勸他考慮一下回老家發展的想法。他卻一口拒絕,說:「現在苦是苦了點,但心裡是有希望的。每當特別苦的時候,我就跑到黃浦江邊,望著兩岸霓虹閃爍,覺得總有一天,自己要在最好的地段買一間大房子,渾身就又充滿了力氣。」

過了一會兒,阿誠望著一臉憂慮的父母說道:「也許,這輩子我只能有個小房子住,但是,我還有下一代啊,一代一代努力下去,慢慢地就會好起來的。現在大家都說階層固化,如果不吃點

苦,比別人多跑幾步,怎麼實現人生夢想?」

最後他說,回老家,自己的身體可能會安逸,但是內心會痛苦。所以,在這裡再苦,他也要堅持下去。上海那麼大,只要肯努力,一切皆有可能啊。

活得更好,是每個人的理想。為了這個理想,人們寒窗苦讀、背井離鄉、努力打拚、獨自療傷,活成了自己故事裡的勇者。即使最終不能實現理想,在這個過程中,自己的點滴積累和進步也是幸福的事。

同事阿周的父親,是名礦工。每次說起父親,阿周都特別感慨。父親四十多歲的時候,因為一次事故,腰部受傷,無法從事原來的工作,便在家附近開了一家早餐店。

那時候,阿周在二十多里外的鎮上讀中學,弟弟則在礦區讀小學。每天早上五點鐘,阿周起床的時候,母親就開始忙早餐店的生意,父親則給他們準備好了早飯,簡單的麵條或者頭一天店裡賣剩的包子,外加一份炒得特別軟爛的蘿蔔條。

父親沉默寡言,從來沒有說過疼愛他們的話,也不會在他們受到挫折或者得到榮譽的時候對他們擁抱或說鼓勵的話。但是,他也從來沒打罵過兄弟倆。

阿周和弟弟都很懂事,學習都很好。父親因為腰傷,走路、彎

腰都很困難，兄弟倆看在眼裡，便在假期搶著去店裡幫忙，但總被父親撐回去讀書。

後來，阿周成為礦區第一個考到北京的大學生。父親在一片讚美羨慕聲中，依舊保持嚴肅沉默，卻悄悄花掉了一個月的收入，給他買了一台筆記型電腦。

看著父親捧著筆記型電腦小心翼翼的樣子，阿周鼻子發酸，第一次擁抱了父親。

這樣的父親，其實隨處可見。他們身處命運的低處，無法給家人創造太好的生活，也沒有豪言壯語來鼓勵孩子，但是，他們默默努力，活成了一道微弱的光，努力照亮整個家庭，讓家人有溫暖，有希望。

這些人，雖然沒有成為蓋世英雄，但同樣值得尊敬。

蘑菇的孢子最初生長在陰暗潮濕的環境裡，得不到陽光，也沒有肥料，如果熬不過這段日子，便只能自生自滅；但如果能堅持下來，長到足夠高，就能得到陽光和雨露的滋養，茁壯成長。這就是著名的「蘑菇定律」。

這像極了許多初入職場的新人，不被人重視，每天打雜跑腿，被人呼來喝去。不僅如此，稍有不慎，就會遭遇無端的指責和批評，看不到前途和希望。

面對壓力，有的人自暴自棄，放棄夢想；而有的人，則默默熬了過去。

其實，每個優秀的人都像蘑菇一樣，有過一段沉默的時光。在那段時光裡，你無論多努力，都不會立刻見到成績，甚至被辜負，被打壓，被算計。如果退縮不前，就只能無所建樹，默默老去。唯有忍受住孤獨和寂寞，不抱怨，不放棄，不斷努力，才能熬過人生的「蘑菇期」，迎來光明時刻。

莎士比亞說過：「不應當急於求成，應當去熟悉自己的研究對象，鍥而不捨，時間會成全一切。凡事開始最難，然而更難的是何以善終。」

漫長的人生裡，成功的關鍵不是運氣和聰明，而是毅力。我們看到的那些有成就的人，往往不是最聰明的，而是最能堅持的。

我特別認同瑞典女詩人安娜・呂德斯泰德曾經寫過的一段話：

「所有人都是個人，各不相同，各具特性。通過做一個與眾不同、具有特性的個人，成為你自己，也就完成了使命，因此也就豐富了這個世界。這並不意味著你要在世人眼中得到承認，更不是要你成名成家，有權勢和財富，而是說，你要找到你自己，根據自己的條件生活。」

願你也在自己的生活裡，活成勇者。

Part Two

成年人的世界裡，
沒有考試鈴聲

每個人都要熬過無數次山重水複的無奈甚至絕望，
一路堅持，
才能走到人生的柳暗花明，站到生活的至高處。

我們所做的每一件事，
都可以看成一場場考試，
一次次成績累積下來，
人生的得分就漸漸清晰起來了。
無形的考試每天都在繼續，
得分高低最終決定一個人的立足點如何。

慢慢修煉，長本事，消脾氣，
此消彼長，日子久了，自然會有美好未來。

成年人的世界裡，
沒有考試鈴聲

羅輯思維創始人羅振宇講過這樣一件事：

在某次活動中，他遇到一個年輕人，年輕人說特別想加入羅輯思維團隊，並列舉了自己的許多優點。羅振宇聽了覺得還不錯，就讓年輕人把簡歷發給公司人事，好安排面試。年輕人卻說他沒有羅振宇公司人事部的郵箱。其實，公司人事部的聯繫方式，網上就可以搜到。

羅振宇很感慨地說：「現在的很多年輕人，習慣了準備得很好的考場，他們自己只需要在考試鈴聲開始之後，好好表現自己，卻沒有意識到，成人的世界裡，沒有考試鈴聲。」

我深以為然。並不是說那個年輕人能力不行，只是他的思維模式已經被學校裡的一次次考試格式化了，鈴聲一響，進入考場，就開始考試。豈不知，走出校門後，真正的人生考試才剛剛開始，卻不再有考試鈴聲提醒。

我有位朋友在一家世界500強公司做人力資源工作。有一年，

她去國內一所985大學招聘。招聘中途,她忽然改用英語,當時面試的一位女孩子立刻蒙圈,磕磕巴巴,答非所問。於是,她請那位女孩離開。

隨後進來一位女生,全程用英語流利對話,回答問題從容不迫。朋友當場決定錄用那位女生。

面試結束後,朋友被之前英語講得磕巴的女孩攔住。女孩很不服氣地說:「招聘簡章上沒有說要講英語啊,早知道,就好好準備了。」

朋友笑了笑說:「姑娘,走出校園後,沒有人再像學校裡那樣,告訴你今天考英語,明天考數學,甚至幫你劃重點,你可以臨時突擊過關。很多時候,考試無處不在,並且隨時可能開始,考察的是你的綜合素質,你要學會適應。」那個女孩聽後,一臉鬱悶地離開了。

第二位女孩入職後,後來成了朋友的下屬。有一次交流起來,那女孩告訴她,面試前,她不僅查了朋友公司的背景資料,還多方瞭解了朋友和另外幾位招聘官的做事風格和喜好。知道她有在面試現場臨時改用英語的習慣,所以,從收到招聘資訊後,她就開始苦練英語,還請人模擬面試。

「**機會只給那些有準備的人。**」這話人人耳熟能詳,卻不是每個人都能做到。

網上曾經有一個流傳很廣的故事，說的是張三、李四兩個人同時入職了一家蔬菜貿易公司，幾年後，張三升職加薪，李四卻原地踏步。李四不服氣，便去找經理理論。經理沒有回答他的問題，而是讓他去市場看一下土豆行情。半個小時後，李四回來了，向經理彙報：「二十公里外的集貿蔬菜批發中心有土豆賣。」

　　經理問：「一共有幾家賣土豆的？價錢分別是多少？」

　　李四撓了撓頭說：「您沒讓我打聽這些啊，我再去看一下吧！」

　　經理攔住他，然後把張三叫來，吩咐了同樣的事情。

　　半小時後，張三回來了，彙報說：「今天市場上有三家賣土豆的，其中兩家是三塊錢一斤，但一個老人的只賣兩塊八一斤，品質也最好，因為他是自家種的。如果我們需求量大，價格還可以優惠。並且他有貨車，可以免費送貨。我已經把老人的電話記下來了，可以隨時聯繫。」

　　聽到這裡，李四慚愧地退出了經理辦公室。

　　如果查看土豆行情是一張考卷，顯然，李四的成績是不及格的，而張三卻可以拿高分。

　　人在職場，我們所做的每件事都可以看成一場考試，一次次成績累積下來，你在領導和同事心中的得分就漸漸勾勒出來了。

只不過這種考試是無形的，除了隨時隨地都會出現，你的得分也只是在每個人的心中保存，不像在學校裡，考完了一次，老師會公佈一次成績。但是到了關鍵時刻，這個隱形的分數就會決定你的去留與升遷。

　　故事裡的李四最後找到了自己不能升職加薪的原因，而現實中，有多少職場人有勇氣去和老闆理論？理論了，又能有多少收穫？

　　很多人往往把不滿藏在心裡，他們看不到別人的努力，只是一邊恨恨地覺得自己吃了虧，一邊懷疑別人肯定「作弊」了。

　　然而，無形的考試照常繼續，自己的得分越來越低，最終把自己送到了人生最低處。而那些明白人生處處皆考場的人，卻用自己的努力和自律，拿到了人生的一個又一個高分。

～～

　　同學陶子畢業後進了老家的一家銀行做櫃員，每天坐在固定的工位上，重複著同樣的工作，拿著幾千塊錢的工資，下班後，和小姐妹逛逛街、吃吃飯，穩定又安逸。

　　但是，陶子覺得，再這樣穩定下去，自己就要廢了。於是，她開始拒絕一切聚會應酬，苦學金融知識，一年後，考取了金融理財師。

35歲那一年，她毅然辭去國有銀行的穩定工作，去了北京剛成立的一家銀行做理財師。剛開始的時候，她給客戶做的理財規劃經常被退回，收入極不穩定。那時候，她壓力很大，頭髮一把一把地掉。

最難的時候，她三個月交不上房租。有天晚上，她給我打電話，說著說著，聲音哽咽。我勸她，不行就回來吧，還是小城安逸。

陶子說：「我就當是古代舉子進京趕考吧，我一定考個好成績出來。」

幾年後，她成為業界薪酬最高的理財師之一。

正如奧地利著名作家褚威格所說：「將偶然和命運視為同一，只是年輕時的想法，久了以後自然會發現，生命的軌跡是由自己造成的。」

無論工作還是愛情，在成年人的世界裡，沒有考試鈴聲，只有一場接一場的考試。每一場，都會在不知不覺中影響著你未來的人生走向和可能達到的高度。

你付出多少，也許一天兩天，甚至一年兩年都看不出什麼，但是，時間久了，2萬小時定律就會顯出成效。所以，當自己的事業、生活不如別人的時候，先別急著抱怨，想一想，是不是自己的

努力不夠，或者努力的方向不對？

一位知名主持人說過：要得到你必須要付出，要付出你還要學會堅持，如果你真的覺得很難，那你就放棄，但是你放棄了就不要抱怨。

人生就是這樣。世界是公平的，每個人都是通過自己的努力，來塑造自己生活的樣子。

如果做事情肯付出三倍的努力，並持之以恆，就一定能在人生的大考場上拿到不錯的分數。

種一棵樹最好的時間，是十年前和現在。從現在開始，做好自己的事情，假以時日，一定能等到枝繁葉茂，開花結果。

願每個人都拿到自己人生的最高分。

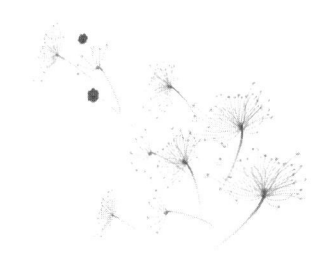

真正能成事的人，
都有這個特點

有天晚上，表姊給我打來電話，語氣中透著無奈：「你幫我勸勸婷婷吧，她又辭職了！」

我趕緊問：「這次是因為什麼？」

「和領導吵起來了！」表姊氣急敗壞。

婷婷是表姊的女兒，今年28歲，從國外留學回來3年，換了5家單位，不是嫌公司小，就是嫌同事搞辦公室政治，或者吐槽薪水不夠買一只包。

我和婷婷通了電話，瞭解了事情的原委。這回，是因為婷婷寫的一個文案被客戶要求改了3遍還是沒通過，婷婷有點急，就跟客戶頂撞起來，被投訴到領導那裡，領導喊她去辦公室，批評了她幾句。

領導還沒說完，婷婷就爆發了，從客戶吐槽到領導，再到同事的鉤心鬥角，然後甩門而出，辭職了！

聽完婷婷的敘述，我說：「沒有誰的職場不委屈，尤其是新

人。單位不是家，領導和客戶不是爸媽，沒人有義務哄著你。要受得起委屈，才能慢慢成長。」

婷婷來一句：「有本事的人都有脾氣。」

婷婷從小到大一直是「別人家的孩子」，考上國外一所不錯的大學，還讀了研，履歷確實閃著光，但是，她脾氣也大。
然而，作為一個職場新人，她最多是有點才華，還談不上有本事，把才華轉換為本事，還隔著山山水水很長一段路。

有本事的人往往都有脾氣，沒錯，但是，他們在有本事之前，肯定沒那麼大脾氣。與其說有本事的人往往都有脾氣，不如說一個人成為有本事的人之後，會逐漸變得更有底氣，更有鮮明的態度和原則，但是，絕不會亂發脾氣。

想成為有本事的人，僅憑金光閃閃的履歷和才華是不夠的，要在生活中慢慢修煉。長本事，消脾氣，此消彼長，日子久了，自然會有美好未來。
看看周圍，那些能成事、成大事的人，都做到了有本事，沒脾氣。

人生在世，每個人都有自己的脾氣。

有的人隨和，有的人暴躁，有的人豪爽，有的人霸道，甚至有的人很多性格並存於一身。但是，人生就是一個修羅場，每個人都要經歷十八般修煉，控制好自己的脾氣，才會擁有想要的生活。

三國時期，曹操有眾多兒子，他最喜歡的是曹植。曹植出生時，曹操已經功成名就。由於出身優裕，曹植天真正直又才華橫溢，尤其擅長辭藻華美的詞賦，深得曹操喜愛。

建安十五年，宏偉瑰麗的銅雀台剛剛建好，曹操帶領曹丕、曹植和眾幕僚登上高台，命兒子們作賦讚美。

哥哥曹丕寫好後，剛想獻給父親，卻發現弟弟曹植的〈銅雀台賦〉早已在父親手中了，而且，還得到了曹操的大力讚美。曹丕看了看自己手裡的文章，默默藏進了袖子裡，和大家一起讚美弟弟的蓋世才華。

平日裡，曹操對曹植的喜愛從來不加掩飾：出征打仗，帶著曹植，而讓曹丕留守後方；曹丕、曹植都喜歡的謀士，曹操毫不猶豫地撥給曹植；建安十六年，弟弟曹植封了平原侯，哥哥曹丕依舊給父親打雜做副手……

曹植想要的，甚至不用開口，曹操就立刻送到他的面前。誰都覺得曹植拿了一手好牌，美好未來指日可待。

然而，他恃才傲物，目空一切；飲酒無度，甚至酒後駕車違禁亂闖；而且不約束身邊人，妻子也因為穿錯衣服被父親賜死……生

生地把一手好牌打爛。

與此相反的是,才氣遠不如他的曹丕始終在曹操的身邊默默做事,忍受父親的偏愛,忍受幕僚的疏離,忍受看不到希望的寂寞,慢慢地贏得了父親的賞識。

建安二十二年,曹操選立任勞任怨、忠誠可靠的曹丕為魏王太子,而放棄了才華橫溢的曹植。

有才華是好事,但是,用好自己的才華,讓才華成為真正的本事,才能成事,否則,反而會傷了自己。

有句話說得好:「哪有什麼懷才不遇,不過是你的才華配不上你的野心。」有才華、沒脾氣、情緒穩定的人,才能走得更遠。

~~~

多年以前,我大學畢業實習的時候,曾經遇到過一位脾氣特別好的領導,他見到誰都笑咪咪的,而且每天早早就到單位,打掃辦公室,處理公務。

在實習的三個月時間裡,我沒見他發過一次火。就連我們這些實習生去他的辦公室辦事,完事後他也會笑著送到門口。

聽說他的書法、繪畫都很好,是當地書法協會理事,我們幾個就一起去求字。他認真地問我們每個人的愛好,求什麼字,然後寫給我們,沒一點架子。

有一次，他請我們幾個實習生去他家裡吃飯。中途有個人來拜訪，給領導帶了一方很貴重的硯台，說了一大堆客套話之後，才說是來求一幅字，想掛到自己的辦公室。

領導語氣溫和、態度堅決地拒絕了。那人再三懇求，領導始終不鬆口。臨走，那人借著酒力說了句特別不恭敬的話，大概是說「三年河東三年河西，做人不要太傲嬌」之類。

我們幾個人聽了覺得特別尷尬，領導卻面不改色，客氣地把那個人和他的禮物送出門。後來我們才知道，那是實習單位管轄的一家企業的老闆，他哪裡是來求字，實際上是來求「護身符」的。

我們實習結束時，領導主動給我們幾個學生每人寫了一幅字，還事先徵求了我們的意見，問喜歡什麼字。

實習結束後不久，我就聽說那位領導升職了，成了當地最年輕的區長。

一個人的脾氣裡，藏著他的氣度和修養，也藏著他的未來。脾氣越好，成功的機率越大；脾氣越大，成功的機率越小。

不僅如此，有時候，控制不住自己的脾氣，逞一時之快，還會抱憾終生。

同事小羅一次醉酒晚歸，老婆說了他幾句，二人發生爭執，他一怒之下抄起花瓶砸得老婆頭破血流。事後老婆鬧著要離婚，小羅

後悔不已。

我的一位朋友，因為女兒的考試成績不好，一怒之下動手打了女兒，結果女兒離家出走。後來雖然找了回來，但是母女關係特別糟糕。

網上有一則新聞：一個人開著新車與別人的車發生了擦撞，他心疼自己的新車，與對方發生了肢體衝突，結果雙雙進了拘留所。他羞愧地說：「都是我這暴脾氣害了我⋯⋯」

一念地獄，一念天堂，選擇哪條路，取決於你的脾氣和修養。

～～～

很多時候，我們評價一個人，會說這個人脾氣特別好，或者那個人脾氣特別暴躁。其實，誰沒脾氣啊，遇到不順心的事兒，都想發脾氣，只是那些「好脾氣」的人懂得克制，更有內涵和定力。

一個人成熟的標誌，就是學會把握和控制自己的脾氣，消解自己的情緒。我們在遇到不公平的事情時，在發脾氣前，先問問自己可能引發的最壞結果是什麼，千萬不要讓行為比腦子快。

遇到嫉妒、算計、貪心、霸道等負能量爆棚的「垃圾人」時，不要試圖講道理，而是及時遠離止損。有句話說得好：「只與同好爭高下，不與傻瓜論短長。」

遇到過不去的坎，先別急著絕望和放棄，冷靜下來，把眼光放長遠，尋找生機。

俗話說：「沒有過不去的火焰山。」今天看來天大的事兒，再過幾天或者幾個月，也許就不再是事兒了。

遇到需要出手相助的人和事，該出手時就出手，心存善念，有時候，助人就是助己。

做個有脾氣也有風度、有態度也大度的人，多一點和氣，少一點脾氣，因為，你有什麼樣的脾氣，就有什麼樣的未來。

從「中年危機」到
「中年契機」,
你只隔著這兩字

不知道從什麼時候起,「中年危機」這個詞兒忽如一夜北風吹,令無數中年人內心瑟瑟。隨之而來的,是中年人屢屢被吐槽,中年人的肚腩、枸杞和保溫杯一起成了被調侃的對象。

而「88年的中年女子」以及「90年的老女人」,一夜之間,讓中年人的行列迅速擴大,「中年危機」就像流感一樣,迅速蔓延。

「中年危機」的話題頻繁登上網路熱搜。在這樣的話題下,總能看到層出不窮的吐槽和無奈:即使對著鏡子收腹挺胸,我也看得見自己的大肚腩;電梯裡,竟然有個十幾歲的少年喊我阿姨,我才35歲啊;無緣無故被領導罵,再沒有了20幾歲時甩手而去的勇氣⋯⋯

身材走樣,年齡感顯現,越來越「慫」,讓無數人感到恐慌,擔心「被拋棄」。

在這樣的輿論轟炸下,身邊的不少中年朋友,包括看起來比較

成功的人士，都有點焦慮。或許是手中資源不再，或許是未來不可預知，或許是魅力不斷減少，或許是看不懂的名詞越來越多，無論男女，都有點失落。

確實，人到中年，上有老下有小，壓力都比較大，工作、生活、健康、房子、票子、孩子，都需要平衡，所有的委屈和困難都要自己扛，人前還要微笑前行。就像〈中年陣線聯盟〉裡唱的：「我們努力工作呀，賺的永遠不夠花，還房貸，還車貸，什麼時候到頭啊……」

然而，凡事都有兩面性，反過來說，相比年輕人，中年人物質財富更豐富，掌握的社會資源也比年輕人和老年人更多，外部因素引發的危機要小得多，心理因素才是更重要的危機誘因。把「中年危機」說成「中年心理危機」，可能更確切一些。

所以，要解決中年危機，關鍵是兩個字：心態。

前段時間，我和幾位朋友去醫院看望一位大姐。她是乳腺癌晚期，癌細胞已經擴散，但她自己還不知情。

幾句話過後，她就開始抱怨：抱怨婆婆伺候不周，做的飯難吃；指責單位的領導「沒良心」，自己給單位貢獻那麼大，竟然只帶了個花籃來看她；鬱悶兒子學習越來越差，迷戀遊戲……

我們勸她安心養病，聊了幾句，就趕緊退了出來。她的母親跟

出來，抹著眼淚說：「她就是太要強，生生把自己逼到這份兒上！」

路上，我們幾個人很感慨。其實，這位大姐從小家境不錯，婚後老公溫厚體貼，兒子乖巧懂事。可是，她太要強，看到別人的老公升職加薪，回家就和老公嘔氣，嫌棄他不思進取。

在她一次次的「碎碎唸」中，老公開始努力爭取「進步提拔」，各種功課都做足了之後，那一年，單位調整的幹部名單裡，還是沒有她老公。在慶祝同事升職的宴席上，他喝了太多的酒，回家後突發腦溢血，倒在衛生間裡，再也沒有醒來。那一年，他才41歲。

後來，大姐就把全部的希望轉移到兒子身上，結果兒子不堪重壓，離家出走。回來後，大姐再也不敢管了。於是，兒子終日迷戀遊戲，漸漸成了問題少年。去年，大姐得了憂鬱症。

早在兩年前，大姐在體檢的時候，就知道了自己乳腺有問題，但是，她放不下的太多，尤其在單位，掐尖要強，見不得別人比自己好一點：哪個女同事穿了件漂亮衣服，她就要立刻買一件；誰家孩子考了第一，她會鬱悶半天……在她的眼裡，男同事升了職，必定是送了錢；女同事升了職，必定有後門……最後，大家都躲著她走。

記得有一篇文章中這樣寫道：「世上所有的病，都是免疫系統打了敗仗。」所有的嫉妒、不甘、抑鬱、憤怒等壞情緒，都會沉澱在身體裡，即使大腦暫時忘記了，身體也會記得，積累多了，終將

化成一場免疫風暴，甚至帶走人的生命。

其實，人到中年，把心態放平和，不再期望搆不著的功名利祿，不再和周圍的同齡人比較，不再對孩子期望過高，把中年看作人生的必經之路，泰然處之，不焦慮，危機感也就減輕了，心寬天地淨。

～～～

調整心態，並不是要中年人與世無爭，早早「佛系」，韜光養晦。

心理學家榮格認為，社會對於個體的評價主要是依據其社會成就，通俗地說就是功名利祿，而很少關注個體在人格上或者內心狀態上的成績。在這樣的因素下，個體在一生中很長的時間，都會把主要精力放在對社會成就的追求上，而忽視了對於精神世界的構建。

年輕時，人們在奮鬥的過程中往往是一腔熱血，勇往直前，卻很少靜下心來思考自己內心的真實需要。人到中年，應該學會內省，想想自己真正需要的是什麼。

就像梁實秋說的：「中年的妙趣，在於相當地認識人生，認識自己，從而做自己所能做的事，享受自己所能享受的生活。」

蘇軾一生起起落落，不斷遭到貶謫，大半生在貧窮困頓中輾轉，與功名富貴無緣，在當時世人的眼中，他算不上成功。

　　但面對這樣的人生際遇，蘇軾以自己的方式活出了跨越千年的恣意與遼闊。

　　38歲，蘇軾在密州時，他意氣風發帶人去打獵，發出「會挽雕弓如滿月，西北望，射天狼」的萬丈豪情。

　　42歲，蘇軾因反對王安石變法被貶黃州。剛開始時吃飯都成問題，但他發現豬肉特別便宜，因為達官貴人不屑於吃，窮人不知道怎麼吃。於是，蘇軾多番嘗試，發明了膾炙人口的「東坡肉」，並寫下「淨洗鐺，少著水。柴頭罨煙焰不起，待他自熟莫催他，火候足時他自美」的〈豬肉頌〉。

　　52歲，蘇軾任杭州知州時，發現西湖湖泥淤塞、雜草蕪蔓，便著手清理淤泥，疏浚西湖，然後，利用挖出的淤泥，築起了一道南北走向的堤岸，堤上夾種花柳。朝代更迭，成為今天著名的西湖景觀「蘇堤春曉」。

　　得意、失意、歡喜、別離……世間種種際遇，被蘇軾釀成一壺老酒，經過時間的發酵，變得厚重綿長。

　　每個人只活一次，也許嚐遍了各種生活滋味，人生才更加完整豐盈。蘇軾就是梁實秋先生說的那種能認識自己，認清世事，懂得享受人生的人。

中年危機，人人都會遇到，從古至今，少有人倖免。如果人云亦云，只看到危機，那就只會把自己弄得焦慮。不如學學蘇軾，把中年危機，乃至各種危機，都當作一種契機，活出無限生機，贏得更加通透智慧的人生。

～～～

作為中年人，有能力華麗轉身，衝刺新的高峰，是一種活法。但是，更多的普通人，小半生過去，生活已經基本定局，無法任性地重新開始一切，那麼在自己的工作之外，尋求一份心靈的舒緩和愜意，也是好的。

我認識一位大哥，他是一個單位的領導，二十多年的職場生涯起起伏伏，暗流洶湧，但是，他從來都是淡定自若。

前幾天，大家在一起吃飯，聊起中年危機的話題。有人問他：「什麼時候見你都是笑呵呵的，你沒碰上過危機嗎？」

他笑笑說：「人在社會，人到中年，哪有不遇到事兒的？哪有不焦慮、沒危機的？只是，我有自己的化解辦法。」

原來，這位大哥有兩個愛好，一個是寫作，一個是唱京劇。平時，他壓力大的時候，不是去公園裡和那些退休老人唱一段京劇，就是通過寫作來緩解情緒。

幾年前，他就開通了自己的公眾號，只是一直很低調，沒有告訴身邊的人。他說：「我就是想隨心所欲寫一些東西，不受外界影響。」在我們的要求下，他說出了公眾號的名字，我們大吃一驚，因為，經常在一些思想文化平台上看到這個名字。

我想起海明威在《老人與海》裡寫的一句話：「現在不是看我們缺少什麼的時候，而是要看一看，憑我們擁有的，我們能做什麼。」

人到中年，找到能讓自己快樂的途徑，危機自然消除。就像〈中年陣線聯盟〉唱的，「找一個承認中年的方法，讓心情好好地放個假。當你我，不小心，又想躁了，就在記憶裡畫一個叉。」

中年人最大的智慧，就是有足夠的洞察力、有能力給壞情緒畫一個叉。

如果幸運的你還年輕，如何預防中年危機呢？

一起複習一下作家劉同書中的一句話：「熱愛一件事情，並堅持去做它，從第一秒開始，它就會慢慢地在你看不見的存錢罐裡幫你存上一分兩分三分⋯⋯當有一天，你對這件事情的熱愛及專業度足夠拿得出手的時候，你就可以大大方方從存錢罐裡取現了。」

願每個人都修煉出掌握自己人生的能力，不焦慮，沒危機，活出自己的精采人生。

做好眼前事，
再想其他的

幾個月前，父親住院做了個小手術，我趕回老家的醫院陪護。晚上哥哥在醫院，白天我和姊姊輪流去。

兩天後，我就開始焦慮。因為手頭有幾篇稿子到期了，都是合作很好的編輯，我不能辜負他們，但是白天在醫院和家裡來回跑，靜不下心來，只能早起加晚睡趕稿。

我不經常使用筆記型電腦，所以打字速度慢，加上手頭資料少，寫作效率特別低。蝸牛似的工作速度，讓我有點煩躁。然而，越急越出錯。那天我好不容易快要寫完的稿子，關閉的時候，腦子一卡點了「不保存」，3000多字，就那樣消失了。

那一刻，我撞牆的心都有了。

俗話說「禍不單行」，在我萬分沮喪的時候，編輯老師突然告訴我一直洽談著的書稿擱淺了……

在醫院，我一邊守著父親輸液，一邊不停地打電話，尋求電腦高手幫助，甚至心急火燎地發了朋友圈求助。父親見我頂著一頭亂

髮和熊貓眼,活脫脫一頭困獸似的樣子,便問我怎麼回事。

聽完我的講述,父親笑了:「你先別急,出書不是件小事,晚點出未必不好。丟了的稿子,找個修電腦的看看。你現在應該先和編輯溝通一下,說明情況,看看還能不能爭取……」最後,父親說:「著急沒用,不如平靜下來,先做好眼前的事,再想其他的。」

父親的話讓我瞬間清醒,我開始冷靜下來,一件件處理眼前的困窘。幾番溝通下來,編輯很理解地給我寬限了時間;下午,有電腦高手幫我恢復了文檔。

當我心平氣和、不疾不徐一件件處理事情時,所有的事情都迎刃而解。

～～～

人們常常說要「過好當下」,那麼,到底什麼叫作「當下」?

有人說,「當下」指的就是你現在正在做的事、待的地方、周圍一起工作和生活的人。這樣說來,「過好當下」就是要全心全意投入、接納、體驗甚至享受眼前的這一切,而不是一味焦慮,顧此失彼。

我想起之前看過的一則禪宗小故事:

一個小和尚問得道老和尚:「師父,你得道前做什麼?」

老和尚說:「砍柴挑水做飯。」

小和尚又問:「那你得道後做什麼?」

老和尚回答:「砍柴挑水做飯。」

小和尚聽了很是不解,問:「那有什麼區別?」

老和尚回答說:「我得道前砍柴時想著挑水,挑水時想著做飯,做飯時想著砍柴;我得道後砍柴時想砍柴,挑水時想挑水,做飯時想做飯。」

大道是簡,平常心就是道。

現實的情況卻是,很多時候,我們無法專注於當下,總是心不在焉,想著明天、明年,甚至遙不可及的未來,無論是吃飯、走路、睡覺,還是娛樂、工作,往往沒有耐性,總是急著趕赴下一個目標,過得忙碌又焦慮。

明明可以做好當下的事,享受生活的小確幸,卻總是想著詩和遠方,期盼著未來會如何成功,而把當下過得湊合和應付。因此,錯過了一個又一個當下,詩和遠方,都沒有看到。

真正好的生活,應該像巴西作家保羅・柯艾略在《牧羊少年奇幻之旅》裡所寫的那樣:

我現在還活著。當我吃東西的時候,我就一心一意地吃;走路的時候,我就只管走路;如果我必須打仗,那麼這一天和其他任何

一天一樣，都是我死去的好日子。因為我既不生活在過去裡，也不生活在將來中，我所有的僅僅是現在，我只對現在感興趣。假如你總是把握現在，你就能成為一個幸福的人。你將會發現，沙漠中存在著生命，夜空裡有著星星，戰士們打仗因為是人類生活的一個組成部分……生活是一個節日，是一場盛大的宴會，因為它永遠是，又僅僅是我們現在經歷的這一刻。

其實，把當下的每件事做好，把每一天過好，未來就不會太差。

隨著時代的飛快發展與變化，人與人之間的生活差距越來越大，曾經在一所學校讀書、一間教室上課的人，十年、二十年後，生活境遇往往是天壤之別。

落差越明顯，人們的心理壓力就越大，焦慮成了所有人的通病，無論男女老少：孩子們為了學業焦慮，大學生為了就業焦慮，中年人為了家庭生活焦慮，退休的人為了兒女的生活焦慮……

繁華都市，站在天橋上向下看，每個人都步履匆匆，彷彿都在爭分奪秒。

表妹小冉快要大學畢業了，每天都在為了先工作還是繼續考研而焦慮。我問她生活目標是什麼，她答：「我自己也很糾結，想找一個好點的工作，然後談個戀愛，結婚生子。但是我又很害怕，現

在大學生一抓一大把,以後只有大學學歷恐怕不行,所以想讀研。可是,以我的成績,考研太難了⋯⋯」

恐懼和茫然每天籠罩在她的心頭,她甚至無法坐下來好好寫畢業論文,同學們約她去校園拍照留念,她都覺得沒心情⋯⋯後來,她告訴我,她的畢業論文出了點問題,需要延遲畢業。

不把當下的事情做好,再多的美好設想都無法實現,就像作家海明威所說:「今天只是未來所有日子裡的一天。但是未來所有日子裡將發生的一切,取決於你今天做了些什麼。」

踏踏實實地做好當下的事,不糾結,不焦慮,不盲目,才能過好未來的日子。

～～

很多時候,我們高估了自己,想要的太多,反而失去了真正的目標。

亦舒曾經在她的書中講過一位朋友的事情。她的這位朋友愛好廣泛,多才多藝,從政、寫作、書法、音樂甚至影視劇都有涉及,京劇也唱得不錯。得意時,甚至刻了枚閒章,上面的字是:十八般武藝件件稀鬆。其實,每一件都不怎麼精通,不足以支撐起一份好的生活。

後來,人到中年,這位朋友忽然發現周遭的人雖然沒有自己多

才多藝,但是他們靠著一技之長,似乎過得都比他好,於是幡然醒悟,決定靜下心來專攻影視劇,不久後,便成了知名導演。

他的這些經歷,其實在很多人身上都發生過,只是這位導演及時醒悟,那些經歷就成了故事,而如果沒有之前的覺悟和改變,也許就是事故了。

現實生活中,誰不希望自己十八般武藝樣樣精通,上知天文,下曉地理?最好還能張口說幾個國家的外語,沒事兒考個律師證,業餘再寫幾篇稿子賺個零花錢⋯⋯美其名曰:「斜槓青年」。

其實,就算是那些成功地活成了「斜槓青年」的人,也不過是做好了許多事情中的一件而已。

你把時間用在哪裡,日子久了,別人自然看得見。
人的精力有限,不可能把所有的東西和技能都學好。找到自己喜歡的方向,滋養人生,假以時日,生活不會太差。在這之前,要先養活自己。

有時候,人的苦惱就是,想要的太多,而能做的太少。

～～

我有個閨密升職了。

她升職加薪後，工作比以前更加忙碌了，和我們聚會時也不停地用手機安排調度工作，甚至急得拍桌子，後來乾脆忙得沒時間參加聚會。半年後的一天，她忽然告訴我，自己辭職了。

　　辭去了那麼多人夢寐以求的職位啊，為什麼呢？
　　她說，她升職後發現，除了薪水增加，其餘的都在減少：和閨密、老公、孩子相處的時間減少了；睡眠時間也減少了，身體已經出現警告訊號；快樂也減少了，再也沒時間看一本書，或者靜心聽一段自己喜歡的昆曲⋯⋯
　　我說，也許這些是暫時的，慢慢適應了就好了。她說自己考慮過，也給自己時間適應了，但是，人生總要有所取捨，如果連眼前的事情都做不好，將來也很可能不會開心。最後她說，也許自己就是一個普通人，喜歡一日三餐的煙火家常，這樣感覺更踏實。

　　是啊，做好眼前的事兒，走好腳下的路，珍惜眼前的人，把當下的每天都過得充實而精采，其實就是最好的人生。

　　我曾經看過一句話：「現在你活得好不好，跟你前幾午在幹什麼有關；而未來怎麼樣，和你今天做什麼有關。」
　　活在當下，過好今天，明天才能有所期冀。真正的幸福就是做好眼前的事情，過好當下的每一天。

你那麼努力，
卻無法成功的原因
只有一個

作為一個自媒體作者，我每天打開網路，就會看到諸如「14天讓你從寫作小白成爆文作者」「30天讓你成為英語達人」「半年讓你從月入3000到月入30000」的勵志雞湯文，加上各種層出不窮的電視選秀節目、網路直播平台，一個個「草根」躍躍欲試，夢想一夜之間紅遍大江南北⋯⋯

在這種速食式成功學的激勵下，越來越多的人像打了雞血，嚮往一夜成名。那些本來按部就班工作和生活的人們也開始惶恐，感覺不努力就對不起自己和家人，還會被同齡人拋棄。於是，默唸著「有志者事竟成」的名言，頭懸樑、錐刺股，報了一個又一個學習班，期待著「三千越甲可吞吳」。

事實是，很多人那麼努力，卻仍然看不到成功的希望。有句話說得好：「不努力一定不會成功，但是，努力了，也不一定成功。」

為什麼努力了還不成功呢？正如暢銷書作家李笑來所說，努力根本不是成功的充分必要條件，成功的充分必要條件說穿了只有一

個：做對的事情。

簡單說就是，姿勢不對，努力白費。對於這一點，我深有體會。記得我剛開始寫公眾號的時候，我是沒有遠大理想的，只是自己從小就喜歡寫東西。

但是，寫了三個月後，忽然有一天，一篇文章被一家擁有千萬粉絲的平台轉載，成了「爆文」，隨後又被200多家平台轉載，朋友們紛紛祝賀，我還被邀請去社群分享⋯⋯

我忽然覺得自己潛力無窮，必須全力以赴爭取成功。想到有一位朋友，兩年時間做到了公眾號有十幾萬粉絲，於是，她就成了我的第一個成功參照物。

為了實現這個目標，我給自己列出了每天的計畫：背誦宋詞一首，看書100頁（有輸入才能有輸出）；拆解「爆文」一篇（學習從模仿開始）；寫一篇2500字的公眾號文章（學以致用）；報了2個學習班，一個寫作，一個公眾號運營⋯⋯

然後，胸口寫著碩大的「努力」二字，我開始向著成功出發。

剛開始的一週，我鬥志滿滿，圓滿完成了計畫。漸漸地，讀書任務開始拖延，學習班課程開始應付，再後來，我頸椎病發作⋯⋯寫作也陷入了瓶頸，看看自己寫的，再看看那些熱門公眾號的「爆文」，我開始焦慮、失眠。

有一天，好久沒有聚會的幾個閨密約著一起踏青。她們看到我都很吃驚，感覺我面色發黃、一臉憔悴，完全沒有以前神采飛揚的樣子。

回來後，我和一位老師說了自己的狀態。她告訴我，這屬於用力過猛，給自己制定了一個遠大但不切實際的目標，要及時調整努力的姿勢，讓節奏慢下來。

她告訴我，心理學家米哈里・契克森米哈賴有一個著名的「心流」理論：只有當一件事情的挑戰程度和你對其的應對能力相當的時候，才能進入心流狀態。在這一狀態中，你的每個動作、想法都如行雲流水一般發展，所有的能力被發揮到極致，並獲得高度的興奮和充實感。

因此，制定一個與自己的能力匹配的目標，加上正確的努力姿勢，才有可能走向成功；反之，則是事倍功半，事與願違。

後來，我及時調整了思路，把原創文章由日更改為隔天更新，在能力所及範圍之內，反而感覺越寫越順利了。

有一個切實可行的目標，是成功的前提；用力過猛，會事與願違。但是，如果只有遠大目標，不付諸有效的行動，也很難成功。

原來我認識一位文友，剛開始時我們一起為雜誌寫稿，她寫了幾篇都沒有通過，就轉而學寫散文；寫了一陣子，還是不行，又開始學寫紀實稿件；然後又學寫小說……三年時間，陸陸續續花了不少錢，最終一篇文章也沒發表。

前幾天，她發來一篇雜誌稿讓我看看，問我該投哪家雜誌。

我無語，因為我早就告訴過她，你想給哪家雜誌投稿，一定要瞭解該雜誌的風格和欄目設置，量體裁衣，不然，人家要的是馬甲，你做的大褂再好也不行啊，尤其是作為寫作新人……

幾年過去了，她一句沒聽進去，還是自嗨式地寫作。

我委婉地拒絕說，我現在不寫雜誌了，在寫公眾號。她立刻像發現了新大陸，問道：「寫公眾號很賺錢吧？要不我也寫公眾號吧？！」

雖然需要不斷試錯的過程，最終才能找到屬於自己的發展方向，但是，更要反思、復盤，及時改進，而不是閉著眼睛憑感覺往前衝，白白浪費時間和精力。

作家畢淑敏非常喜歡心理學，46歲的時候，她考取了心理學博士研究生，夜以繼日地埋頭苦讀。然而，就在離畢業只差半年的時候，她卻選擇了放棄。

很多人感到意外和不解，問她為什麼做出這樣的選擇。

她說：「要拿博士學位，就要考外語。我已經50多歲了，每一分鐘都很寶貴，不值得拿出許多時間專門去念外語，應對考試。」

放棄博士學位後，畢淑敏開了一家心理諮詢機構，一邊通過工作幫助患者，一邊積累寫作素材。

後來，她關掉了診所，專心寫作。幾年後，她寫出了《心靈密碼》《女心理師》等一系列與心理學有關的暢銷小說。

一個人的成長往往不是直線，更多的是曲線。不要怕，選擇對了，就勇往直前；選擇錯了，就迂迴一下，繼續前行。不管選什麼，都是成長的一部分。

只是，隨著年齡和閱歷的增長，試錯成本會越來越高，需要通過不斷的復盤做出最佳選擇，然後深耕。

美國經典電影《教父》裡有一句話：「偉大的人不是生而偉大，而是在其成長的過程中顯示其偉大。」

在努力的道路上，通過不斷地調整和改變，找到自己的正確方式很重要，因為任何成功不可能一蹴而就，而是一場漫長的馬拉松，方式對了，事半功倍。

在電視劇《小歡喜》中，童文潔是一家公關公司的財務總監，有一個助理叫小金。小金是個心機妹，見到童文潔親熱地一口一個「姐」喊著，但是為了替代童文潔，在背後給她一步一個坑地挖著。

有一次，童文潔因為兒子方一凡上高三，請了幾天假。假期結

束剛回到辦公室，小金就告訴她，她們的上司珍妮到老闆的面前打小報告，說童文潔拖家帶口，還常常聯繫不上，不適合公司財務總監這麼重要的崗位。

性格直爽的童文潔聽到這些話立刻怒了，恰好這時珍妮有事來找她，童文潔立刻抓住珍妮40多歲仍未婚這件事，一頓夾槍帶棒地暗諷，出了一口惡氣。

後來，小金與珍妮聯手把童文潔扳倒，靠心機上位了。而且，為了升職，小金還與已婚男上司糾纏在一起，甚至懷了那人的孩子。

上司看著小金越來越大的肚子，覺得小金留在公司是個不定時炸彈，就抓住小金的一個錯誤，想趁機把她辭退。小金氣急敗壞，一封信寫給公司高層，揭發了上司的真面目，兩人一起被公司辭退。

職場上，人人都想升職加薪，但是，要選擇光明磊落的方式，不能不擇手段。靠歪門邪道，也許能獲得一時的成功，但也極易曇花一現，甚至毀掉一生的前程。

而且，即使選對了努力的方向和方式，也不是所有努力都能取得世俗意義上的成功：高中生拚盡全力，也不是都能進入北大、清華這樣的頂尖大學；中國的企業家再努力，也只有一個首富；再任勞任怨，業績最好的也不一定是你⋯⋯

所以，努力的方式很重要，而懂得堅持和放棄更重要。我們如果成不了世俗意義上的成功者，就努力做更好的自己。每隔幾年，回頭看一下，自己生活得比以前更好、更幸福，就也是成功的人生。

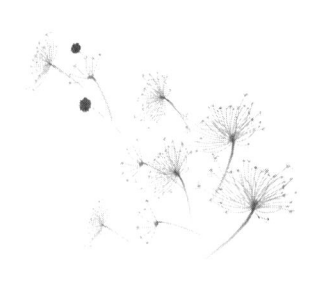

能帶給你穩定的，
從來不是所謂的
「好工作」

年初，表姊女兒小蕊所在的企業裁員，34歲的小蕊也在其中。她紅著眼圈對我說：「我在這家公司待了12年了，怎麼說裁就裁了呢？一點人情味也沒有……」

我想起當初她大學畢業找工作的時候，表姊和她的想法完全一致：一個女孩子家，有份穩定的工作就好了，結婚後，有時間多照顧照顧家庭，教育好下一代。

按照這個思路，她進了當地一家國企，管管檔案，打打雜，輕鬆自在，待遇也不錯。沒想到，十年後，企業效益下滑開始裁員，小蕊首當其衝。

小蕊覺得很委屈：「我還沒老呢，況且還有十幾年的工作經驗，不比那些年輕人強嗎？」

我望著一臉失落的小蕊，聯想起這些年她輕鬆愜意的日子，腦海中飄過一句話：「你不是積累了十幾年的經驗，而是一種經驗用了十幾年，別無所長。」

職場就是這麼殘酷，如果沒有功勞，苦勞就是白勞。

員工和公司不是家庭關係，也不是友情關係，而是相互成就的價值聯盟。不要指望公司會一輩子對你好、對你負責一輩子。即使有公司想為你負責一輩子，也無法保證自己不倒閉。

我曾經看過一組統計資料：美國中小企業的壽命跟青蛙一樣，不到7年；世界500強企業的平均壽命，也只有40餘年。

再看看這些年我們身邊盛極而衰的行業：

國營百貨公司──能進去當一名售貨員，曾是無數女孩的夢想，如今只在一代人的回憶裡；

棉紡廠──家裡有棉紡廠職工，曾是很讓人驕傲的事兒，如今大都下崗了；

油企──曾經待遇好得令人嫉妒，如今不僅福利沒了，還在大幅裁員；

銀行──曾經的高收入行業，隨著網路金融及無人銀行的發展，也開始衰落……

一個人把一生的安穩押在一份工作上，是最不靠譜的一件事。

最近幾年，網上有一種說法：未來10年，50%的人會下崗，

不再有什麼穩定可靠的職業。所以，即使現在你一切還好，也要居安思危。

記得2018年春節前後，滴滴裁員2000人、宜家裁員7500人的消息刷屏朋友圈，很多人被焦慮感、危機感裹挾。2019年5月，科技巨頭「甲骨文」裁員的消息又震驚了無數人。

作為世界排名第二的軟體公司，甲骨文（中國）多年來一直是求職者的夢想企業，公司福利完善，工作環境優越，令很多人嚮往。然而，一紙裁員書，近千名985、211大學（21世紀100所重點大學）畢業的碩士、博士就失業了。

真是失業與明天，不知道哪一個先來。

這麼強大的跨國公司都靠不住，周圍很多年輕人又把視線瞄向了公務員。

作為體制內的一員，我可以負責任地告訴大家，公務員的工作也並不輕鬆。

我的侄女在省裡機關工作，幾乎每天加班，作為財會人員，每到月底年底，各種發票單據用箱子裝著，摞起來比她還高。

再說說基層工作，就拿我所在單位舉例，曾經有一位剛參加工作的小同事的母親找到單位領導，說兒子只告訴家裡出差，已經一週沒回家了，也打不通電話，不知道咋回事兒。原來，這位同事去外地辦案，需要保密。

即使這樣，也不能保證誰能在一個崗位上幹一輩子，各種考評、淘汰制越來越嚴格，各種監督全方位，一不留神，「鐵飯碗」就碎了。

大家都知道，考公務員的競爭有多麼激烈，曾經創下4600：1的比例，能考進來的，都是佼佼者。即使這樣，大家還是很有危機感，我身邊的很多年輕人都在努力自學，考各種證書，參加遴選……

有時候，看著他們那麼努力，我也會開玩笑說，工作穩定，收入也不錯，幹麼那麼拚？有位女孩子告訴我：穩定其實是把「雙刃劍」，毫無挑戰和進步的日子，會逐漸消磨掉自己的銳氣，忘記自己曾經的夢想。

從某種程度上說，穩定，也就意味著一成不變。也許短期內會很舒適，但是，一旦風暴來臨，便無法躲避被淘汰出局的命運。

看著傷心不已的小蕊，我建議她從自己的愛好或者特長入手，尋找新的出路。小蕊抬起頭，一臉無助地說，她已經34歲了，還能幹什麼呢？

是啊，當一個人下定決心要去做一件事的時候，總會遇到方方面面的質疑：

「你都這麼大年紀了,再和年輕人搶飯碗怎麼行?」

「這個行業的紅利期已經過了,你進入得太晚了。」

「隔行如隔山,轉型沒你想的那麼簡單啊。」

……

想得太多,不敢開始,是遏制很多人前進的枷鎖。

我告訴小蕊:「先開始啊,培養愛好。喜歡健身,能不能考慮做健身教練?愛美,經常去美容院,能不能加入這個行業?⋯⋯」

不要考慮年齡,只要開始,什麼時候都不算晚:83歲的李奶奶被阿里巴巴集團聘為「產品體驗師」,34歲的小蕊卻覺得下崗後自己的人生被毀滅。可以說,是不同的心態造就了不同的人生。

在這個世界上,沒有一份工作可以讓你永遠地穩定。真正的穩定,是任何時候都有能力面對局勢的變化,隨時保持重新起飛的能力。

暢銷書作家薇安曾在自己的新書中講到這樣一件事:

大學畢業後的最初兩年,她在本土一家小公司做秘書,月薪只有1500元。但是,她依然從微薄的薪水裡拿出一部分,用來學英語,每週兩個晚上。那個時候,她的工作根本用不到英語。後來,她去一家跨國大公司參加招聘,面試官是美國長大的華人,漢語

講得很不流暢。於是，她主動說起英語，憑藉流利的表達，她獲得了面試官的認可。在沒有任何相關經驗的前提下，她被錄用了，月薪也從1500元一步跨越為6000元。更重要的是，她的視野從此打開，命運由此改變，後來成長為世界500強公司的高管。

身處穩定環境的人，如果想為自己的未來增加籌碼，不如開始學習吧，學習外語，學習寫作，甚至健身、舞蹈、音樂……這些東西，除了怡情養性，也許在未來的某天，就會帶你度過危機。

說到底，能給一個人篤定與安心的，不是所謂的穩定工作，而是不斷提升的能力。提升你的生存能力，請從今天開始。

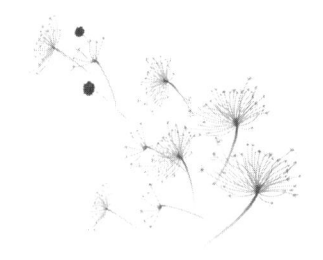

不走捷徑，不湊熱鬧，不求完美

人生在世，每個人都想成就一番事業。但是，同一起跑線上的人，走著走著，便有了雲泥之別。

反觀古今中外，那些能成大事的人，往往兼具以下三種特質：

（1）不走捷徑

作家劉震雲講過一件事：他的舅舅是個木匠，做的箱子櫃子在方圓幾十里內賣得最好。後來他問舅舅，那麼多木匠，為什麼大家都說你做的櫃子好？舅舅告訴他：因為別人打一個櫃子用三天時間，我用六天。

別人三天就可以做到的事，他卻要用六天，看起來有點笨，但恰恰是這種「笨」，讓他成了人們心中最好的木匠。

國學大師錢穆曾說：「古往今來有大成就者，訣竅無他，都是能人肯下笨勁。」

現世浮躁，在速食式成功學的誘導下，太多的人想走捷徑。學

一個月寫作，就想成為作家；上幾天班，就惦記升職加薪；啥也不會，就想做網紅，一夜賺夠幾輩子花不完的錢……

也確實有些人，靠著投機取巧，風光一時。但是，這樣的成功就像空中樓閣，一有風吹草動就垮掉，害人害己。

曾國藩云：「天道忌巧。」做人做事，不走捷徑不取巧，才能有所成就。

有些路看似捷徑，走得輕鬆，但往往暗藏著陷阱。

有一次，我和幾個朋友跟著「驢友團」去爬野山。花了兩個多小時到達山頂時，發現下山的路有兩條：一條是繼續向前走，繞一個圈慢慢走下去，坡度比較緩，好走但是比較遠；一條是直接順著山脊下去，是最短的路。

對於走哪條路下山，大家發生了分歧。有人建議抄近路，雖然有點陡峭，但可以節省40多分鐘時間。有人覺得，近路沒有人走過，又危險，不如繞一下。最終，幾十個人分成了兩組下山。

下午一點半，我們繞路走這一組已經到了山下，而直到三點，抄近路的那一組才下來，還有幾個人劃破了腿腳。

很多時候，走捷徑反而會步步維艱，欲速不達。

不論做人還是做事，想走捷徑，最後吃虧的往往是自己。

人生道路上，不走捷徑，便是捷徑。

世上所有的成功,都來自於腳踏實地、埋頭苦幹。那些光彩熠熠,是由無數汗水和努力積累而成的。

(2) 不湊熱鬧

生活中,很多人喜歡湊熱鬧。

馬路上、菜市場裡發生了點什麼,立刻就有一大群人圍觀;網路上,一個新聞事件爆出來,評論區的吃瓜群眾便忙得不亦樂乎;單位裡有點風吹草動,各種八卦便滿天飛……自己的日子過得一地雞毛,卻又為不相干的人和事操碎了心。

對上述現象,比特幣首富李笑來曾有過精闢總結:「人生在世,有三大坑,這世上99.99%的人都在裡面。第一個大坑:莫名其妙地湊熱鬧。第二個大坑:心急火燎地隨大流。第三個大坑:操碎了別人的心肝。」

偶爾聊個八卦,看個熱鬧,不憤世嫉俗、落井下石,也無傷大雅,怕的是天長日久,人云亦云,失去了思考能力和做事的定力。

那些真正聰明的人,早就遠離了無謂的熱鬧,不跟風,不盲動,專心做好自己的事情。

我的老家，是個遠近聞名的「傢俱之鄉」，十年前，各種品類風格的實木傢俱遠銷全國。但是，隨著各地傢俱市場的興起，競爭越來越激烈，不少傢俱廠逐漸沒落。每次回老家和家人閒聊時，總能聽到某個輝煌一時的企業倒閉的消息。

唯有一家企業，業務卻越做越好。他們家多年來不做傢俱，只做與傢俱相關的一切配飾，包括床墊、抱枕、腳凳等，周遭的傢俱廠都來他們家進貨。近兩年，網路直播帶貨興起，他們家開了直播，銷售額更是呈幾何式增長。

有一次，我去他們家選抱枕，問老闆他的成功之道是什麼。他笑著說：「不紮堆兒。」

絕大多數時候，紮堆從眾是人們求發展、避風險的最簡單選擇，但也往往是「泯然眾人」的開始。而那些立足實際、獨闢蹊徑的人，往往能走到最後。

看過一段話，特別贊同：「越是不確定的年代，我們就越需要定力，就越要把時間和精力放到自己身上，放在自己的成長上。唯有當我們專注於自己，而非他人，我們才會真正地開始成就卓越。」

人的時間和精力是有限的，從今天開始，遠離那些熱鬧，認準一個目標，踏踏實實做下去。

（3）不求完美

凡事追求完美，看似是件好事，但是過於執著，往往會適得其反。

表妹今年31歲，依然單身。從研究生畢業參加工作開始，她見過的男孩子有20幾個，但沒一個符合她的完美伴侶要求：有學歷的，沒房子；有房子的，外表不夠帥氣；帥氣的，賺錢不夠多……

世界上沒有一個人，能佔盡所有的優勢。

金庸筆下的郭靖，忠厚老實，甚至有點木訥，跟著母親在大漠放羊，家境貧寒，卻得到了聰敏慧黠的黃蓉青睞。

黃蓉是桃花島島主的女兒，才貌雙全，武功高強。兩人怎麼看都不般配，卻比翼雙飛，白頭偕老。

一個人過分追求完美，往往失去很多機會，自己也精疲力竭。

感情如此，做人做事也是一樣。

我認識一位朋友，她的形象和口才都很好，半年前她告訴我，準備做短視頻創業。但是，直到上週，她也沒有發佈一條視頻。

問她原因，她說：感覺自己不專業，拍出來的視頻的色彩和角度總是不盡如人意，怕別人笑話，就一直在猶豫。

我說你先開始呀，邊做邊學。

她又擔心講的內容別人沒興趣怎麼辦，萬一沒有人點讚和關注

怎麼辦。

追求完美的性格，讓她有太多的顧慮和擔心，最終束縛了她的發展。

生活中，有太多的人敗在過於追求完美的路上。其實，真正厲害的人從來不苛求完美，他們允許自己失敗，允許自己出醜，允許自己試錯，也接受別人的不完美。

事實上，真正厲害的人往往並不完美。如劉備愛流淚，蘇軾一直被流放、顛沛流離，曾國藩笨得連小偷都嫌棄⋯⋯

正確的態度是，凡事儘量做到最好，若力有不逮，有些缺憾，也不必耿耿於懷。

當一個人不過分追求完美時，一切都變得完美起來了。

人這一生，踏實做事，不走捷徑，才能走得更順；保持定力，不盲目跟風，才能走得更穩；不苛求完美，悅納缺憾，才能走得更遠。

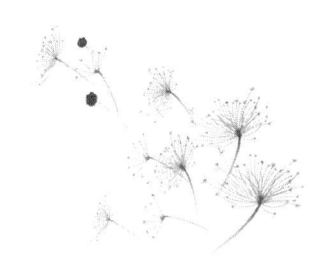

一個人如何活得
淡定從容？

有一次，我去糯米的花店閒坐喝茶，正趕上她之前的一位女同事也在。

女同事羨慕地對糯米說：「還是你有遠見啊，現在可以守著花店喝喝茶就把錢賺了，你看看我，每天披星戴月，還掙不了幾個錢……」

她倆曾同在我們當地的一家油企工作。最近，企業新上了一批設備，辦公也進一步科技化，一下子閒置下來大批職工，這些人大部分還不到退休年齡。

為了安置這些閒置職工，廠裡便聯繫收購了郊區的一家小企業，讓閒置下來的職工去那邊工作，如果不去，就要每月給廠裡交一部分錢，這樣才能確保退休後可以領到退休金。

他們以前的工作很輕鬆，上一天休一天，離家近，福利又好。大部分人早已經習慣了這樣閒適的生活，忽然要去十幾公里外的企業上班，又沒有班車，都有點不適應，可又無可奈何。

而糯米從小就喜歡花花草草，早在十多年前就用業餘時間開了一間小花店。那時候，鮮花在小城並不流行，賺不了幾個錢，但是，她樂在其中。時光流轉，小店漸漸有了客源。因為花店，糯米結識了很多志趣相投的朋友，朋友們經常來店裡喝茶聊天，其樂融融。

如今，花店已經在當地很有名氣，收入早就超過了糯米的薪水。所以，糯米在廠裡的改制政策出來後，一點兒也不慌張，當即決定按月給單位交錢，自己全心經營花店。

有一句話說得好：這個世界上，唯一不變的就是變化。互聯網時代，科技日新月異，帶來的變化更是難以預料，數位相機幹掉柯達膠捲、電商打敗實體店的事情每天都在發生。

每個人這一生，大概都要換不同的職業和單位，即使進了世界500強企業，也不能保證就在那裡幹一輩子。既然我們無法掌控世界的變化，那就試著學會順應變化，尋找人生的彩蛋，從而過好自己的一生吧。

什麼是人生的彩蛋呢？就是對現實生活的熱愛，以及為之而奮鬥的精采。

～

生活中的彩蛋就是興致勃勃的熱愛，而不是急功近利的追求。

我因為寫公眾號，認識了很多想要透過寫作改變生活的朋友。隔三岔五，便會看到寫作群裡有人焦慮地發佈消息：

「我已經寫了三個月了，投稿一篇也沒過，我同學都出了爆文了！」

「上了好幾個培訓班，我還是不知道寫啥。各位大神，請給點指點！」「我幾個朋友寫作都月入過萬了，我還是入不敷出……」

寫作，是個集腋成裘、滴水穿石的細功夫，絕不是一朝一夕就可以妙筆生花的事情。有句話說得特別好：「你不能一夜讀成林徽因。」

任何成就都是長期努力的結果。正如一位作家所說：「努力的時間積累，最小的計量單位是三年。」

李尚龍的《你只是看起來很努力》這本書銷售超過百萬冊，他一下子成為暢銷書作家。

在一次採訪中，有個人問他：「是誰帶你進寫作圈的？」

李尚龍回答：「沒有人。」

那個人很驚訝：「你才寫了一年就成名了，怎麼可能沒人帶？」

其實，李尚龍在成名之前每天都堅持寫，寫滿了一個硬碟，寫壞了幾個鍵盤，寫滿了十多本筆記本，用完了幾十桶筆，經歷過投稿被嘲笑的失落、坐在電腦前寫不出字的糾結，以及遭受網路暴力時的無奈……

人的一生之中，樂趣、痛苦會依次向你走來，如果想讓自己立於不敗之地，活得從容淡定，就要像馬未都說的那樣，給自己定這樣一個目標：在生活中不斷地修正自己，以期適應這個社會的變化。

～～～

前陣子，有個我在參加心理諮詢師培訓時認識的女孩小洛告訴我，她和前夫重婚了。

他們是大學同學，畢業後，為了支持丈夫創業，小洛漸漸收縮了自己努力打拚出來的天地，換了一份朝九晚五的工作，相夫教子。有一次我去她家裡玩，真的是木器見原色，鐵器放光芒，一塵不染。

幾年後，丈夫的事業漸漸做大，小洛的廚藝日漸精進。

然後就是老套的「第三者」出現，老公心猿意馬，不願意再回家，後來竟然向小洛提出分居，讓彼此認真考慮一下婚姻是否繼續下去，之後就搬了出去。

面對丈夫的變心，小洛一下子成了羅子君。雖然身邊沒有賀涵和唐晶（陸劇《我的前半生》角色）這樣的人生導師和閨密，但是，她迅速調整好自己，帶著女兒開始新的生活，不糾纏，不哭鬧。

在工作之餘，小洛參加了心理諮詢師培訓，在學習中療癒了自己，然後，加盟了一個心理諮詢室，開始創業。

一年後，丈夫開始有意無意地在接女兒過週末時來她這裡蹭飯，一邊吃，一邊回憶她做的那些好吃的飯菜，而且透過女兒，多次表達了想繼續吃小洛做的飯菜的願望。

小洛心裡明白，但是沒有立刻表態。直到七夕那天，他帶著大束玫瑰找到小洛的工作室，向她負荊請罪，說自己以前是鬼迷心竅，請小洛原諒他，給他一個機會。

在丈夫幾次深刻懺悔後，小洛決定給他「留用察看」的機會。丈夫回到窗明几淨的家裡，聞著廚房裡飯菜的香味，動情地說：「這才是家的感覺。」

小洛對我說：「我的廚藝和愛乾淨，竟然成了讓丈夫回歸家庭的『彩蛋』。」

也許，在很多人看來，保持一個乾淨整潔的家和會幾道拿手的菜，不足為奇，但是，那裡面藏著一個女人對家庭的付出和對生活的熱愛，這樣的女人，值得有人愛。

～

我所在的社區門口開了一家餐館，特色是機器人送菜。當我興

奮地告訴閨密老顧時,老顧淡淡地說,她老公供職的醫院都有機器人服務了,一天可以接待六七百人,真正的一個頂十個,還從來不擺臉色、使脾氣。然後她嘆口氣道:「唉,不知道哪天,我們就都失業了!」

雖然是句玩笑話,但是我們幾個人心裡一凜。想起一首歌:「不是我不明白,這世界變化太快。」

可是,無論世界如何變化,那些熱愛生活、懂得為自己埋彩蛋的人,最終都不會太差!

這個彩蛋,會在有意無意之間給我們驚喜。有時候,是有意改變命運的不懈努力;有時候是一個愛好,例如寫作;有時候是一項才藝,例如音樂、舞蹈或一手好廚藝;有時候,則是好人品積累的信任……

請你在自己的生活裡多埋幾顆彩蛋吧,這樣,當風雨來臨時,才能從容拿出那把傘,為自己擋風遮雨,讓自己始終保持平靜喜悅。

Part Three

不認命，才能盡興

不認命，
是普通人的盔甲。
穿著它，滿懷期待，披荊斬棘，一路前行，
也許會遍體鱗傷，
但每一次傷口癒合，都會讓你變得更強。

人生沒有白走的路、白受的傷。
很多時候，那些看起來很成功的人，不過是比別人
多經歷了一些挫折和失敗。

想想五年後、十年後自己想要的生活，
這就是我們努力的理由。
上半生不認命，
下半生才能盡興。

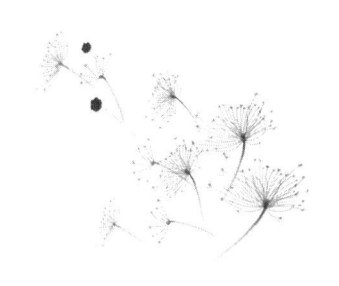

優雅，
就是努力生活之後的
從容

在網上看過一個問答，問題是：「什麼是優雅？」有一個答案我特別贊同：「優雅是女人由內而外散發出的一種高貴氣質，來自後天的修煉。一個漂亮的女人不一定是優雅的，但一個優雅的女人一定是迷人的。」

電視劇《流金歲月》裡，蔣南孫的奶奶一出場，優雅高貴的氣質令無數人折服。她的扮演者吳彥姝，也成為眾多人心目中的「國民奶奶」。

今年，吳彥姝已經84歲了。在很多人的觀念中，84歲高齡早已與美麗劃清了界線，然而，吳彥姝的舉動都有著令人羨慕的優雅得體，一顰一笑間還閃著少女般的靈動。

吳彥姝的女兒說過：「我媽越老越好看，小時候不覺得，生活點點滴滴積累，量變引起質變。」

漂亮是天生的，會隨著歲月而流逝，優雅，卻是在歲月中沉澱

下來的氣質，愈久彌香。

　　吳彥姝出生於一個優渥的家庭，還是家裡的獨生女，但父母對她的教育非常嚴格，從站姿、吃飯規矩到說話的語氣神態，都經過母親的無數次修正和打磨。

　　成為演員後，無論是飾演主角還是配角，她都認真對待。除了揣摩角色，她還主動去體驗生活；為了更好地體會角色，看劇本時，她不僅看自己的台詞，還會背下搭戲演員的台詞；為了讓台詞更切合人物，她還曾主動學習粵語。

　　儘管如此努力，但進入影視行業幾十年，直到退休，她也沒有大紅大紫。但她不慍不惱，每天堅持練平板支撐，保持身材，偶爾還打籃球鍛鍊身體，興致好時，還能練一字馬。業餘時間，她照顧家人、學插花、練瑜伽，淡定從容。

　　有句話說得好：「你的氣質裡，藏著你走過的路、讀過的書和愛過的人。」優雅氣質的養成絕非一日之功，而是自律和閱歷滋養出來的動人風采。

〜

　　幾年前，我去一家雜誌社參加筆會，女社長一登台就驚豔全場。之前，因為她的名字特別男性化，文風幽默犀利，我一直以為是位中年大叔，沒想到是位知性女子。

女社長已經47歲了,但身材苗條、脊背挺拔,淡淡的妝容配上合體的米色套裙,說起話來溫柔有力,有一種說不出的優雅從容。

　　鄰座一位作者悄悄說:「要是我老了能像她那樣,還怕什麼老啊!」這也是我的心裡話。

　　會議結束的時候,我加了她的微信,才慢慢瞭解到,其實,她是偏遠農村走出來的苦孩子,父親是礦工,母親是家庭婦女,但是父母重視教育,兩個女兒都讀了大學。

　　她剛開始到雜誌社報到的時候,還穿著母親自己做的衣服和布鞋,因此被同事嘲笑。但是,她咬牙慢慢走過來,日子漸漸風生水起。二十多年過去了,她把自己打磨成了溫潤的玉,溫暖卻有骨骼。

　　她說,她每週都去一個讀書沙龍,每天堅持跑步、健身,每晚堅持讀一個小時的書。那時候,她整個人看起來只有30多歲的樣子,身上甚至有股少女的氣質。但是,我能看出雜誌社裡的編輯們都很敬重她,甚至有點怕她。

　　我們熟悉了之後,有一次我問她,她是氣質那麼優雅、說話都不發高聲的人,怎麼讓大家敬服。

　　她說:「你看到的從容優雅,是跌了無數跟頭、撞過無數南牆、扛過無數委屈之後,慢慢歷練出來的。」嚐遍生活的滋味,無憂無懼,會有一種無形的力量。

很多時候，優雅不僅僅是一種美好的氣質，更是生活淬鍊出來的智慧。

〰〰

優雅的女人，一定是美麗的，而美麗的女人，只有突破皮囊的禁錮，破繭成蝶，才能擁有一種成熟的優雅。

現實中，很多女孩子都希望走捷徑，憑藉年輕貌美，找一個讓自己衣食無憂的男人，聽到一句「我養你」就滿心歡喜嫁了過去，其實，這是最靠不住的。

戀愛時的甜言蜜語聽聽就算了，真正柴米油鹽過起日子來，優秀男人大多會選擇一個跟自己合拍、對自己有幫助的女人，而不是一個徒有外表、別無所長的女人。

電視劇《我的前半生》裡，養尊處優的全職太太羅子君很漂亮，但最終相貌平平的凌玲卻擠掉了她上位，就是這個道理。

一開始，羅子君想不明白，痛哭流涕。賀涵對羅子君說：「你已經不年輕了，不能再靠刷臉去坐人生的擺渡船了，為了你的下一次戀愛、下一次婚姻、下一份工作，你要做個有用的人……」

美貌是個消耗品，沒有人能永遠年輕漂亮，而氣質，卻會隨著年齡的增長漸漸散發出動人的光芒。

後來，羅子君在賀涵和閨密唐晶的幫助下振作起來，憑藉不懈努力成了職場精英，得到了上司Miss吳的首肯和讚賞。蛻變後的羅子君，身上也有了一種幹練、優雅的氣質，再和閨密唐晶站到一起，沒有了那種雅和俗的天壤之別，連前夫看她的眼神都變了。

重新站立起來的羅子君一步步實現了自我的成長，破繭成蝶，既能照顧好孩子，還能資助母親和妹妹一家人。她的氣質越來越好，以致眼光苛刻的賀涵都被她吸引了。

不是所有優雅的女人都有成功的事業，但所有成功的女人，一定都散發著優雅與從容，如一束溫和明亮的光，吸引靠近她的人。

～～～

有人說過，優雅是一個女人最高級的美。它不是靠昂貴的衣服、精緻的妝容得到的，它是一個人知識、閱歷、能力、情感、審美的綜合表現。

因為書籍與閱歷的滋養，優雅的女人也是懂愛的女人，她愛丈夫、愛孩子、愛朋友、愛工作，也懂得關愛自己。

她會在下班時，隨手買一束鮮花帶回家，讓家更加溫馨甜美。

她會在連續的加班工作之後，給自己買一件小禮物，獎勵自己的努力。

她有閨密，一起聚會、旅行，享受友誼的滋養。

她會在某個輕鬆的週末，去書店靜靜地看一會兒書，回憶大學時光……

放眼四周，一個漂亮的女人不一定優雅，而一個優雅的女人，舉手投足間卻總能散發出一種迷人的氣質。

時裝界的傳奇人物香奈兒曾經說過：「希望你60歲走在大街上時還有小青年向你吹口哨，你揮動優雅的玉手告訴他：衰仔，我是你奶奶。」

願每個女人都活成自己喜歡的樣子。

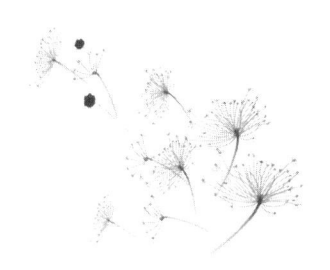

千萬不要小瞧那個
「窮講究」的人

去年春節,我去朋友桃子家作客時,桃子正送一位大學生模樣的男生出門。事後桃子對我說,那是她資助的一位貧困學生,去年考上了大學。

閒聊中,桃子感慨地說,她資助的幾個孩子都很有出息。我笑她道,專挑成績好的資助,當然不會差。

桃子搖搖頭說,這些年,她跟著所在的慈善團體,見過很多貧困人家,知道哪些孩子會有出息,即使考不上大學。

原來,每確定資助一個孩子之前,桃子都會親自去孩子的家裡看看。

一次,她去一個貧困家庭,趕上下大雨,被主人留下吃飯。吃飯的時候,桃子看到沒洗淨的油膩碗盤和黏著飯粒的筷子,打算用開水洗燙一下。女主人尷尬地說:「我們家太窮了,沒法講究太多。」

桃子一愣,沒說什麼。她想起自己剛去過的另外一家,比這家看起來更窮,但是家裡收拾得乾乾淨淨,簡單的傢俱擦拭得一塵不

染，院子裡種著一畦青菜、一棵桃樹，花開燦爛，襯得牆皮脫落的老屋子有種說不出的生氣。

桃子說，人們往往有一種錯誤認識，把貧窮和邋遢將就畫上等號，認為有錢才能講究，沒錢就馬虎湊合。

其實，講究跟窮富沒太大關係，很大程度上，取決於一個人的性格和對生活的態度。

一個在困頓生活中還能收拾得整潔乾淨的家庭，一定是有一股努力向好的勁兒的。所以，這些年，她總是選擇那些清貧但整潔的家庭的孩子作為資助對象，事實也一再證明了她的正確。

那些受她資助的孩子，有的考上了一流大學，有的學習一般，高中畢業讀了職業學院，但是，他們都很上進，家裡的日子也越來越好。

～

我大學畢業實習時認識了一位小姐姐，名叫小滿。

實習單位的人對我們幾個實習生都很友好，經常趁週末請我們去他們家裡吃飯。實習地是個全國聞名的蔬菜基地，經濟比較發達，單位同事的家庭條件大都不錯，有的還住別墅。

小滿姐家在農村，她一個人在單位附近租房住，也經常和我們一起受邀去同事家吃飯。

幾個月後，我們的實習快要結束，小滿姐邀請我們和幾個單位的大姐去她家吃飯。房子是老式樓房，外觀已經很破舊，小滿姐租住的房子只有60多平方米，客廳很小，但是她收拾得窗明几淨，朝陽的窗台上養了幾盆綠蘿，客廳的小餐桌上有個插著野花的玻璃瓶，房間裡有淡淡的香皂味道……

飯菜很簡單，除了一條紅燒魚和一隻燉雞，其餘都是青菜，但是都很可口，尤其是一盤酸辣黃瓜，去皮切了條，整齊地擺在一個長條白盤子裡，上面淋了紅油辣椒……多年以後，我還記得那爽心的樣子和味道。

從小滿姐家出來後，我禁不住誇讚。一位大姐卻不以為然地來了句：「窮講究。」我一愣，卻覺得，在現有的條件下，把生活過得精緻有情調，這種「窮講究」值得尊敬。

「窮講究」體現的是一個人的外在追求，以及蘊藏的內在品位，不是沒錢還要過奢侈的生活，而是一種樂觀向上的心境，是一種對美好生活的執著追求。喜歡「窮講究」的人很清楚自己想要什麼，想要過哪一種生活，並為之不懈努力。

多年以後，小滿姐已經是職場精英。去年我旅行途中路過她所在的城市，去了她家：大大的房屋，簡約中式裝修，透著精緻與優雅。

那些能在貧窮中把日子打理得井井有條的人，運氣都不會太差！

〰〰

其實，一個人過得好不好，有時候是因為沒錢，大多數時候，是因為不用心。

前幾年，我們這裡有一個老漢買彩票中了大獎，便在城裡最好的小區買了三套房，分別給兩個兒子和自己住，餘下的錢，還有幾百萬。

有一天，我陪一個記者朋友上門去採訪。家裡裝修得很豪華，傢俱也看得出很昂貴，但是，感覺卻不舒服：麵粉袋子、雞蛋筐子和青菜就堆在客廳的餐桌下；茶几上落了一層灰；孩子的玩具散落了一地；有一間屋子裡正在打麻將，嗆人的菸味裡夾雜著孩子的哭聲……

男主人被催著打牌，三言兩語後就把我們打發了出來。

很多時候，有錢沒錢並不能決定生活品質的高低。住在這樣雜亂喧囂的豪宅裡，倒不如住在乾淨整潔的小房子感覺亮堂。這讓我想起一句話：「窮，是泛指一切條件的，並不僅僅是經濟條件。心窮，比經濟上的困頓更可怕。」

現如今，普通人家也大多有一兩套住房，經濟條件差不多，但是，去到每個人的家裡，生活的品質立見分曉：

有的家裡雖然傢俱素樸，但是木器見原色，鐵器放光芒，讓人

舒服；有的家裡則雜亂擁堵，灰塵滿桌，讓人不想多待。

在解決了基本的衣食住行之後，人們更注重生活品質。但是，大多數人會有一個誤區，認為只有用貴的東西，才算得上講究，因此一擲千金，甚至用奢靡鋪張來彰顯自己的品位。

其實，真正能彰顯生活品質的，是一個人的生活態度和修養。無論窮富，都能把日子過好，最重要的不是銀行卡裡的餘額，而是熱愛生活的能力和信心。

～～～

想起我小的時候，隔壁劉阿姨家有6個孩子，還有年邁的公公要奉養。

大多數人家的日子捉襟見肘，能吃飽穿暖就不錯了，大院裡的孩子們經常穿著短了一截的褲子、打了補丁的襯衣，也經常有妹妹穿哥哥剩下的衣服，弟弟穿著姊姊穿舊了的棉襖。

但是，孩子最多的劉阿姨家，每個孩子都穿得乾淨得體，即使衣服上打著補丁，也是同色系的布料，走線細密整齊。

我最喜歡去她家玩，因為她家乾淨亮堂，還有劉阿姨親手做的木頭槍、九連環、積木等玩具。

我常常驚嘆劉阿姨家的一切，也悄悄問過劉阿姨的女兒小卉，為啥她媽媽的手那麼巧。

小卉說,她媽媽常說的一句話是,日子無論窮富,都要過得有滋有味。

一句話,體現了劉阿姨的人生態度和生活藝術,困頓的生活也變得輕鬆愉悅了許多。

多年以後,她家六個孩子,五個讀了大學、一個經商,成了從老家屬院走出去的人中最成功的人家。

現實往往是殘酷的,有時候我們不得不妥協和讓步,但也不能一直將就。我們得為自己的未來負責,得自己尊重自己,把簡單的生活過得有滋有味。

在生活中,我們經常聽到評價一個人說「某某是個講究人」,這是對一個人的肯定,而一旦有人說「誰誰愛窮講究」時,「講究」就變成了貶義。

其實,講究是一種人生態度,無論窮富。喜歡窮講究的人,不會輕易向現實生活低頭,他們活得真實自然、自由暢快。窮還講究、不邋遢馬虎的人更值得尊敬,因為他們才是生活的贏家。

比討人喜歡更重要的，
是令人尊重

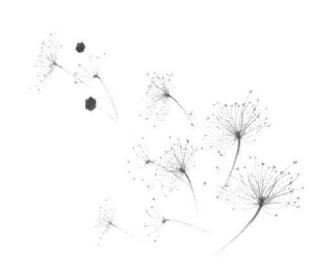

有位讀者在後台留言說：她參加工作快兩年了，儘管平時處處謹慎，但是無論她做什麼，怎麼做，總有那麼幾個同事不喜歡自己，甚至在背後說自己壞話，不知道怎麼才能讓大家都喜歡自己。

看著這個留言，忽然想起心理學上有個詞兒，叫「條件自尊」，是指依賴他人的肯定和表揚而產生的自尊。

當事人往往並不瞭解自我的需要，而是通過他人的目光來看待自己。一旦別人不肯定自己，就會開始自我懷疑，產生無能感。

我告訴她，不必太在意這些，喜歡不喜歡，是小孩子的評價標準，成年人的遊戲規則是尊重和欣賞。

小孩子嘟個嘴賣個萌，甚至笑一笑，就會贏得大人的喜歡，哪怕你做錯事，撒個嬌就萬事大吉。但是，長大後，遊戲規則就變了，尤其在職場，即使你一點錯也沒有，別人也未必喜歡你。

成年人的世界，比讓人喜歡更重要的，是獲得尊重。

喜歡不喜歡，主動權往往在對方手裡，而尊重，則是需要用實力贏得的，主動權在自己手裡。

能討人喜歡，只是人生初級階段，能獲得尊重和欣賞，才是成年人的處事方式。

~~~

電視劇《都挺好》中，蘇明玉從小不被父母和二哥待見，卻靠著胼手胝足的打拚，成為職場女高管。

雖然她由於成長環境的原因，性格有些冷，處事方式也不按常理出牌，但是，她在單位、社會和家庭卻都贏得了大家的尊重。

她在單位可以「收拾」蒙總妻子的弟弟，蒙總的妻子最終只能求她高抬貴手；她帶父親去吃西餐，餐廳經理親自接待；她幫弟媳婦恢復工作還升了職，弟媳媽媽誇她「雖然看起來冷，其實是熱心腸」……

這些人，不一定都喜歡蘇明玉，但他們卻都尊重她，因為她有能力。

整部劇看下來，沒見她去討好任何人，卻一次次幫父親、哥哥、弟媳甚至同事解決了各種麻煩。

試想一下，在蘇明玉和大嫂、二嫂之間，你最喜歡誰？估計大多數人會選蘇明玉。不是因為她性格好，討人喜歡，而是因為她令人信賴的品性和解決問題的能力。

一個人想贏得尊重,除了人品靠譜,還得讓自己不斷升級反覆運算,有價值。

然而,想做一個受人尊敬,有價值的人,並不簡單。

因為人生有無數道坎,跨過去了是門,跨不過去,就是檻。一開始,大家都朝著前方走,漸漸地,就有人被擋在了途中,停滯不前。

那些繼續前行的人,要翻山越嶺,披荊斬棘,還要獨自穿過一段段黑暗、悠長的隧道。那時,沒有人為你領路,也沒有人給你光亮,你只能硬著頭皮往前走,不能停下,更不能回頭,直到走到隧道的盡頭,走進光明裡。

林語堂先生講過一句話:「為什麼世界上95%的人都不成功,而只有5%的人成功?因為在95%的人的腦海裡,只有三個字:不可能。」這些人面對生活的一次次考驗,總覺得自己不可能堅持到最後,乾脆放棄。

這和智商無關。很多人之所以成功,並不是因為智力超群,而是因為咬緊牙關,數十年如一日地努力堅持。

我認識一位女作者,她出身農村,師範學校畢業後,被分配到

一個鄉鎮教語文。教課之餘，她開始寫文章，先是給報紙投稿，後來給雜誌投稿。一開始總是被退稿，單位的同事就開始說風涼話，後來慢慢發表得多了，又有同事向領導打小報告說她不安心工作⋯⋯

後來，她帶的班級，語文成績總是遙遙領先，很多學生想託關係進她的班，於是，她在學校被徹底孤立了。

但她不為所動，索性遮罩了各種不必要的社交，埋頭寫作。幾年後，她的稿費達到了工資的三倍。

紙媒最紅火的時候，她一個月曾經在十幾家雜誌發表稿件，一年的稿費就超過了十萬！

這背後的代價是，她每天要早起1個小時，晚睡2個小時，讀書、寫作，雷打不動，即使母親生病住院，她也在病房裡用手機敲稿子。

2014年，她把握住了自媒體風口，開了自己的公眾號，迅速積累了幾十萬粉絲。當地領導由此發現了她，把她調到了縣教育局工作。

原來那些諷刺挖苦她的同事態度大變，熱情洋溢得讓她不認識了。

在成年人的世界，尊重是用實力獲得的。

要獲得別人的尊重，除了自己不斷努力、升級反覆運算，還要做到以下幾點：

自尊自愛：每個人來到這個世界，都是獨一無二的。或許我們出身普通，相貌平凡，但是，只要不放棄自己，愛惜自己的生活，努力向好，就不用討好任何人。

尊重他人：無論對方貧富貴賤，哪怕與我們選擇不同、道路不同，只要沒做傷天害理之事，我們就要學會與之求同存異，尊重其生活方式。

與優秀的人為伍：一個人走得快，但一群人走得更遠。很多時候，與優秀的人在一起，自己也可以變得更優秀。

願你被人喜歡，也令人尊重。

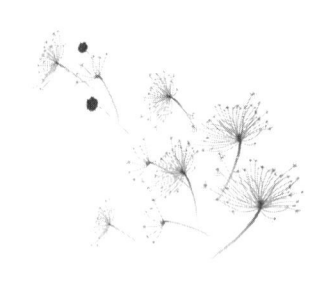

前半生有「不合群」的勇氣，後半生才有「不慌張」的底氣

自從我寫公眾號開始，後台經常會收到讀者的各種留言求助。

有一天，一位叫小末的讀者向我說了他的困惑。他是「00後」，今年讀大一，普通本科大學，宿舍裡六個人，除了一個人獨來獨往，其餘包括他在內的五個人都嘻嘻哈哈地打成一片。

但是，他跟那四個舍友相處得並不開心。他不喜歡打籃球，不喜歡喝啤酒打通宵遊戲，不喜歡什麼東西都不分你我⋯⋯可是他又怕不和大家在一起，會被認為不合群。

他說，自己其實挺羨慕那個獨來獨往的舍友。那個舍友每天學英語，準備將來出國留學。可是宿舍裡其他同學都在背地裡笑話他，不怎麼和他玩。

小末喜歡讀書，尤其是哲學、歷史類書籍。有一次他借了一本黑格爾的書，被舍友看見。舍友一邊說「別裝了」，一邊從他手裡抽出書扔在一邊，然後拉著他去打球。

小末在進大學前，父母千叮嚀萬囑咐，讓他一定要合群，和同學們搞好關係，不要特立獨行⋯⋯所以，他在合群與不合群之間糾

結，不知道該怎麼做。

小末的困惑，我想很多人都有過。其實，年輕的時候，真的不要刻意去讓自己合群，而應該努力讓自己離夢想更近。

作家林清玄曾說過：「一個人年輕時的願望往往決定他的人生。你出生在怎樣的家庭，擁有怎樣的物質條件，這些都不重要，重要的是內心有沒有強大的願望和為實現它而努力的決心。」

人這一輩子想要過上自己理想的生活，不是靠合群得來的，而是靠把時間花到知識反覆運算和自身躍遷上，努力得來的。

我想起了自己的大學經歷。那時候，宿舍裡八個人，剛從高考的重壓下解脫出來，畢業後學校還包分配，只要不掛科，不出「么蛾子」，就等於手握「鐵飯碗」了。所以，一群人撒開歡兒地玩，爬山逛街打撲克，彌補高中時頭懸樑錐刺股遭受的折磨。

只有阿楠除外，她大大泡圖書館，起初我們以為她喜歡看小說，後來發現她在學英語，準備考四級。我第一次聽說還有這樣的考試。我們幾個人討論後都覺得，反正以後的工作也見不到幾個外國人，這個考試沒啥用，於是繼續玩自己的，阿楠則繼續堅持獨來獨往地學習。

大一過後，她考過了英語四級。那時候，英語四級不像今天這

麼普及，整個學校也只有三四個人考過。

班主任來來回回共表揚了她十幾遍，然後語重心長地教育我們，不要以為上了大學就進了「保險櫃」，整天混日子，要有點理想和追求，像阿楠那樣。

我們有點羨慕，也有點嫉妒，但過後卻繼續玩兒。

阿楠越來越不合群。我們只見她早出晚歸，兩頭不見人，不知道她在忙啥。直到畢業前夕才知道，她放棄了留校機會，考上了北京一所大學的研究生。

研究生畢業後，她進了跨國公司，在全世界飛來飛去。她的視野是整個世界，而我們幾個，散落到全省各地，在小城裡過著朝九晚五的生活。

多年以後，同學聚會時說起阿楠來，幾個人都感慨道：「要是當初我們也和阿楠一樣努力學習，會不會也早就成了中產階級了？」

很多時候，我們的認知限定了我們的選擇，惰性戰勝了勤奮。那些看起來有點不合群、特立獨行的人，清醒地知道自己要什麼、為了這個目標自己要付出什麼，然後以苦行僧般的自律，日復一日地往自己人生的「儲錢罐」中投「硬幣」，終於有一天，他們可以大大方方地享受自己的「積蓄」，過上自己想要的生活。

正如作家霧滿攔江所說：「前半生，你有足夠的時間去積累人

生的厚度；後半生，才能創造人生的高度。」

〰〰

　　那些看起來不合群的人，往往有自己的特長，他們不願意人云亦云、隨波逐流，甚至因此遭遇不公平的待遇。但扛過去，熬過人生的灰暗時刻，找到屬於自己的路，就能破繭成蝶。

　　作家三毛小時候是個性格孤僻、不合群的孩子。她數學不好，卻有一次考了滿分，老師懷疑她作弊，用墨汁在她的臉上畫了兩個代表零分的大圈。同學們嘲笑她，她哭著回家，然後便常常蹺課，最終選擇了退學。

　　她在家中接受教育，愛好文學的她，10歲就讀完了《紅樓夢》，19歲在文學雜誌上發表了第一篇作品〈惑〉，此後走上寫作道路，成為知名作家。她的作品和經歷感動了無數人。

　　《奇葩說》有一期的辯題是：「我不合群，我要改嗎？」其中一位辯手的回答給我的印象特別深刻：「不要改。因為俄羅斯方塊告訴我們：你合群了，你就消失了。」

　　當一個人太在乎合群，就會戴著面具生活，從而失去很多原本屬於自己的東西，包括時間、精力和快樂。

　　其實，真正讓一個人顯得優秀的，往往是他與眾不同的某個特點。

一個人要想成為自己喜歡的樣子，過自己想要的生活，就要付出相應的代價，包括看起來不那麼合群，忍受一個人來來去去的孤單和極少的娛樂活動。

　　一輩子不長，選擇適合自己的生活方式，不必用刻意合群困住自己。無數事實證明，低品質合群不如高品質獨處。
　　當我們不再為了合群而合群，不再為了迎合別人而委曲求全，不再為了討好別人而一味付出，我們才有足夠的時間花在自己的身上，才能不斷精進，快速成長。

〜

　　年輕時，我們往往因為害怕不合群，害怕與眾不同，害怕被排擠，而努力壓抑自己，隨波逐流；長大後，我們才知道，有些不合群是人生最美的姿態。
　　美國原國務卿查爾斯‧埃文斯‧休斯曾經說過：「當我們失去變得與眾不同的權利，我們就失去了自由的權利。」自由，是從容生活的能力和底氣。

　　我的表妹青果大學畢業後，考到了老家的一個單位做公務員。很快，她覺得自己和單位裡的人格格不入。
　　她工作認真積極一點，有人說她有野心；她穿得時尚一點，有人說她博眼球；她閒時看看書，又有人說她裝風雅……總之，無論她做什麼，總有人惡意滿滿地去揣測、詆毀她。

單位裡有幾個女同事，天天八卦各種小道消息，說起別人的事情，比當事人還明白，要不就是商量著怎麼智鬥婆婆，她想躲得遠一點，又有人說她不合群。

青果也曾經試著努力合群一些，無奈氣場不合，始終無法融入她們。後來青果去討教一位同樣看起來不合群的女領導。

那位大姐笑著說：「你又不是人民幣，幹麼指望所有的人都喜歡你？無論你做得多好，有欣賞你的，就一定有討厭你的，有真心幫你的，就一定有背後使壞的，這就是職場生態啊。與其糾結這些，不如趁年輕努力學習、強大自己，爭取到一個更開闊的環境去發展。那裡的人的素質和格局都會更高一些，也許更適合你。」

幾年後，青果通過遴選去了省城工作。

青果說，雖然工作更累了，自己租房子住，也不如在老家舒適，但是，心情更好了，同事之間更容易相處，大家各自忙碌，偶爾聚餐，親密有間，特別舒服。

有些時候，與環境無法融合，不是你的問題，而是環境的問題。單純為了合群而去努力討好周圍的人，除了學會苟同，不會有深刻的東西。試著跳出去，也許會看到不一樣的天空。

當然，在這之前，你得有不合群的勇氣。你或許要吃很多苦，經歷很多磨練，才能在你人生的下半場，擁有「不慌張」的底氣，最終站到你能達到的最高點，實現自己的夢想。

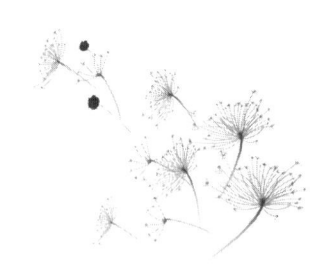

最好的人生，
是活出無限可能

朋友阿朵是一名小學老師，人到中年，依然朝氣蓬勃，對什麼事都充滿熱情。

說起原因，她有點得意：每天和一群孩子在一起，他們的夢想天馬行空，自己也覺得人生有無限可能。

想起小時候寫作文《我的夢想》，全班幾十個同學，夢想各式各樣，從科學家、飛行員到歌唱家，每個夢想都閃著光芒。

當我們漸漸長大，那些曾經的夢想，從什麼時候開始消失在生活裡了呢？

和同事們聊起來，幾個人不約而同地說：現在壓力多大啊，能活著就不容易，哪還敢有什麼夢想啊！

其實，壓力自古就有，每個時代的人都有，只是承載的壓力不同而已。以前，人們為了一家人的溫飽奔波；如今，人們為了更好的生活打拚。

考研考不上、工作被裁員、房貸車貸不知哪年才能還完……每

個人都有自己的煩惱。

人生就是一個修行場，越是有壓力，越要給自己希望，努力去嘗試、爭取，不給自己的人生設限。不設限的人生，才有無限可能。

岳雲鵬做過保安、服務員，現在是上過六次春晚的知名相聲演員；劉慈欣本是電廠工程師，卻寫出了轟動科幻界的小說《三體》；羅振宇曾是央視主持人，中年辭職創業，成為熱門公眾號羅輯思維的創始人⋯⋯

在自己漫長又短暫的一生中，每個人都可以嘗試無限種可能。如此，當你站在人生的遼闊之處回首，你會感恩帶著勇氣一路披荊斬棘、義無反顧的自己。哪怕最終只能做一個平凡的過客，你這一生也是心安理得度過的。

作家黃碧雲說過：「如果有一天，我們淹沒在人潮之中，庸碌一生，那是因為我們沒有努力活得豐盛。」

～～～

前幾天，有一位女讀者在後台留言說，自己生了孩子後，好幾年沒上班，現在想重新找一份工作，卻發現在一群「90後」「00後」求職者中，自己作為30多歲的女人，突兀地「變老」了，不由感嘆「家中方幾日，世上已千年」。

夫家條件不錯，一家人便勸她不必那麼辛苦，在家相夫教子就

好。可是，她看過電視劇《我的前半生》，對羅子君的遭遇心有餘悸，便問我怎麼辦。

我給她講了我認識的一位心理學老師的經歷。

幾年前，我學心理諮詢時，一百多人的培訓班，我的年齡排到了前十，又是文科出身，有些涉及醫學、資料計算的題目，學起來很吃力。所以我經常在上課的時候心生悔意，擔心自己最終考不過。

有一天，來了一位長髮垂腰的女老師，微胖，面色紅潤。上台後，她先讓大家猜一下她的年齡。於是，從40歲到50歲，台下亂喊一氣。

最後，她笑著說，自己已經62歲了。55歲從單位退休後，她開始學心理諮詢，遭到了一家人反對，而且大家斷定她只是白費力氣，畢竟年輕人學起來都吃力。

在家人的反對聲中，她開啟了「自虐模式」：每天睡4個多小時，學到頭髮一把一把地掉，還接連參加了三個培訓班。一年後，她考了三級證，很快又考了二級，而給我們上課的時候，已經考了培訓師證。

她笑著對我們說：「人生下半場，拚的是精氣神，只要你自己不放棄，沒人攔得住你！」

女老師是從省裡一個不錯的部門退休的，退休金足夠她頤養天

年了,但是,她卻選擇了做自己喜歡的事情。在很多人打著「知天命」的擋箭牌,無所事事的時候,她卻活出了自己的精采。

人生沒有白吃的苦、白走的路,最怕的是一生碌碌無為,還安慰自己平凡可貴。直到有一天發現自己兩鬢生出了白髮,體力和見識再也跟不上時代的步伐,再慨嘆時不我待,這是最悲哀的事情。

～

人是從什麼時候開始變老的呢?
是從失去對生活的熱愛開始的。
你覺得自己老了,不需要努力了,你就真的老了。這和年齡無關,而是一種心態問題。

有個朋友家的男孩子沒考上大學。27歲的時候,父母託人給他找了一份工作。這個單位實行半軍事化管理,最初的一個月,要進行軍訓。

軍訓到一半,他就選擇了放棄這份來之不易的工作。除了難忍軍訓之苦,他強調的是:「周圍都是二十來歲的小毛孩子,而我都快三十了……」言下之意,他已經「老」了,和一群小孩子在一起訓練,沒面子。

富蘭克林說過一句名言:「有的人25歲就死了,只是到75歲

才埋葬。」同事趙姐去年退休,然後報了兩個班:國畫班、拉丁舞班。每天樂呵呵地在東城上完國畫課,再騎著電動車去西城學拉丁舞。夏天裡有一次我在路上遇到她,她正和一群比她年輕好多的學員在公園裡畫畫,一會兒擦一下汗水,畫的畫兒也還比較業餘,但是她自己很開心。

我看過她跳拉丁舞,雖然跳得很一般,但很認真。她說她很享受這個過程,小時候就喜歡的事兒,沒條件做,現在終於有時間,也有條件了,一定要圓自己的夢想。

是的,長大後,你會發現,其實很多時候能做很多事情,而且是在沒任何人逼我們的情況下。

很多時候,沒人要求你一定要努力工作,一定要考個什麼職稱,一定要學一項什麼技能,一定要每天去健身房……可是,很多人卻堅持做著這一切。

於是,五年、十年、幾十年後,有人抱怨自己時運不濟,有人成了行業精英,有人走到了金字塔頂。

人生沒有白走的路,每一步都算數。想想五年後、十年後自己想要的生活,這就是我們努力的理由!

一家國際調查機構曾做過一個調查:當你老了,回想一生,最

後悔什麼？

讓人驚訝的是，大部分的人，不是後悔自己做過什麼，而是後悔自己沒做什麼。囿於自己的認知、格局、惰性等因素，他們沒有過上自己想要的人生。

如果你不想讓自己在年老的時候，後悔當初「我本可以」，那麼，就請從今天開始努力，挖掘自己無限的潛力，做自己想做的事，而且努力做好。

願你此生的願望都實現，詩和遠方都能遇見。

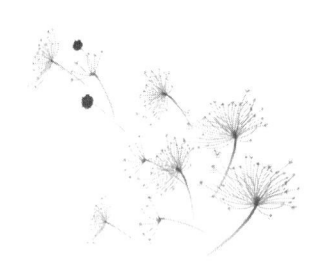

你可以選擇放棄，
但不能放棄選擇

週末朋友聚會，兩位朋友聊起了各自的煩惱。

一位朋友的女兒面臨大學畢業，已經獲得了保研資格，但同時也拿到了一家外企的工作邀約，女兒想參加工作，放棄讀研，因為她不喜歡保送的專業。

另一位朋友的兒子讀高二，因為看到身邊同齡人打工賺錢買了車，非常羨慕，也想輟學去打工。

兩個朋友面臨的都是選擇題。我比較支持第一個朋友的女兒做出的選擇，因為她能拿到保研資格，說明她平時各方面都比較優秀，憑藉這一基礎，她在外企有很多發展機會，也可以工作一段時間後再進修。

對於第二個朋友，我建議他和兒子好好談談，不要羨慕別人一時的物質豐盛，將來考上大學，畢業後，可以透過自己的努力過上更好的生活，有更多的選擇。如果現在選擇放棄考大學，就等於放棄了對更好生活的選擇權。

你可以選擇放棄一件物品,但是,不能放棄將來選擇生活的權利。網上有一個流傳很廣的段子:

一個在海島度假的富翁和一位在海邊釣魚的漁夫遇見了。漁夫釣上一些魚後,開始和富翁一起曬太陽。富翁勸漁夫多打些魚,這樣努力幾年,慢慢地攢一些錢,就能買一條大船,再努力攢上一大筆錢,就可以在海邊悠閒地曬太陽了。漁夫反問富翁:「我現在不是正和你一樣在曬太陽嗎?」

聽起來好像很有道理。仔細想一想,真的是這樣嗎?他們確實都在曬太陽,但是,漁夫如果一天不釣魚,就要擔心之後餓肚子,倘若趕上哪天海上驚濤駭浪,一個浪頭就能把他的小船打翻,他也就失去了生活的保障。

說到底,漁夫曬太陽,是因為生活在海邊,靠海吃飯,而富翁可以隨心所欲地決定曬不曬太陽、到哪裡去曬太陽。

富翁比漁夫有更多選擇生活方式的權利。

～～～

我認識一位211大學的校長,他在行業內是權威,德高望重,為人幽默風趣。

但是,唯一的兒子卻非常「不爭氣」:智商平平,又不肯努力,高考勉強進了個普通大學。在大學裡,兒子也基本「躺平」,覺得反正自己再努力也趕不上父親;不努力,日子也不會太差。

校長一輩子要強，兒子不但沒有青出於藍，還放棄了努力。

後來，兒子大學畢業，四處碰壁，找不到合適的工作。校長便和兒子做了一次深入交流。他告訴兒子，在有些目標再怎麼努力也達不到的時候，人可以選擇放棄，這是智慧；但是，不能放棄選擇的權利，而這個權利，是靠不斷努力來爭取的。你昨天不努力學習，今天就沒有選擇工作的權利；今天不努力工作，明天就沒有生活的尊嚴。

有意義、有意思、有尊嚴地活著，才是值得的人生。

是啊，如果沒有錢，溫飽都不能保證，每天都為了柴米油鹽醬醋茶而掙扎，一天不工作，就擔心明天吃什麼，一想到隨時可能失業，就焦慮不安，哪裡來的快樂？

什麼樣的工作可以讓人有尊嚴、有選擇呢？我想，每個人心裡都有桿秤。

當然，有些人含著金湯匙出生，要風有風，要雨得雨，另當別論，他們的父母可以給他足夠的尊嚴和無窮的選擇。但對於大多數普通人來說，還是要靠自己不斷努力，才會有更多選擇的權利。

～

雖說條條大路通羅馬，讀書不是人生的唯一出路，但是如今，

不讀書，基本上沒什麼出路。

20世紀80年代，站在時代的風口，許多人都能憑藉一股子冒險精神抓住機遇，提前富起來，甚至不需要太多的知識儲備，但是經過幾十年的發展，逆襲的故事越來越稀缺。看看那些成功人士，大多有良好的教育背景。例如北大畢業的俞敏洪、武漢大學畢業的雷軍……而透過電視節目《超級演說家》上演寒門逆襲的劉媛媛，也是北大研究生！

也許你會說，這些都是名人啊，我只想做個普通人，衣食無憂。

是啊，做個普通人，不用承受那麼大的競爭壓力。但是，也就失去了一些選擇的權利。要接受自己的父母病了，只能住普通醫院，為了醫療費發愁；孩子念書，無法買好一點的學區房；甚至自己生病了，也不捨得請假休息……

和父親深談後，校長的兒子開始發憤讀書，考上了跨專業的研究生。畢業後，入職一家世界500強公司做精算師，如今已經是公司高管。

如果一個人有目標，有理想，並為之奮鬥，也許不會成功，但是，生活也不會太差；如果一開始就甘於平凡，不想吃苦努力，那麼，他可能連基本的生存都成問題，哪裡還有選擇權和尊嚴。

也許和校長父親相比，兒子依然是平庸的，但是，他的收入和地位，是多少職場人士一輩子都達不到的。

是否平庸，是比較出來的，而有選擇、有體面地生活，你也可以實現。

～

朋友安迪一畢業就進了體制內單位工作，她每天坐在有大落地窗的辦公室裡做著輕鬆的活兒，拿著衣食無憂的薪水。

但是，她卻覺得日子寡淡無味，不久就辭職去了一個沿海城市，進了一家報社。一開始沒經驗，發稿少，工資低，還得租房子，經濟上經常青黃不接。有時候，她一天只能吃一碗泡麵，以至於到現在，她一聞到泡麵的味道就想吐。

幾年後，她坐上了主編的位子。

兩年前，她又跳槽到了一家自媒體平台，做策劃、出書、講課，開始到處飛。

我和她有七八年沒見面了。前幾天，我路過她工作的城市與她見面，見她整個人已經脫胎換骨，原本相貌普通的女孩子，現在完全是職場精英的模樣了。她乾脆俐落地處理完公務，帶我去了一家安靜的餐館。

她感慨地對我說，很慶幸自己當初的選擇。

前段時間,她的父親生病,她回去接父親去北京就醫,住最好的醫院,請了最好的大夫。父親得到了最好的照顧,回去後,逢人就驕傲地誇閨女孝順。

是的,很多時候,一個人的奮鬥和努力,承載的是全家人的未來。你選擇放棄,現在很容易,但將來再想重新選擇,就會很難。

大多數情況下,父母要求孩子好好讀書,並不是要和別人攀比,而是希望孩子通過用功讀書見識更廣闊的世界,將來擁有更多的選擇權,而不僅僅是找份工作謀生。

無論讀書還是工作,可以選擇放棄,但不能放棄選擇。而每一次選擇,都指向更好的未來,才是值得的。

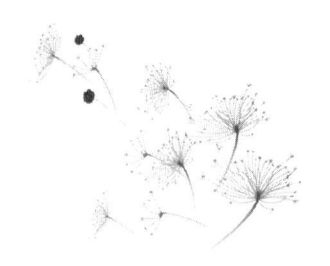

天賦不能成就你的，
堅持可以

我暑假去表妹家作客，九歲的外甥正在看電視劇《西遊記》，一見我進門他就撲過來，問了一個問題：「唐僧那麼笨，人妖不分，又不會武功，為什麼還要做孫悟空、豬八戒和沙僧的師父？」

我想了想，告訴他：因為唐僧最有毅力，最能堅持。

我們都知道，唐僧西天取經，十四年間歷經了九九八十一難，躲過哪一難都不容易。不但要打敗想吃他的妖怪，還要面對玉兔精、女兒國國王等「美色誘惑」。但是，無論面對多麼大的磨難和考驗，他都沒有動搖去西天取經的信念，堅持一路向西。

我們再看身邊的三個徒弟，孫悟空雖然本領高強，但是桀驁不馴，動不動就撂挑子要回花果山；豬八戒貪財好色，時刻惦記著回高老莊；沙僧倒是不愛生事，但經常做牆頭草，沒主見……

只有唐僧，雖然取經路上也曾冤枉孫悟空，也曾面對美色心動，有時候人妖不分、有點笨拙，但是，他從未忘記自己的使命，一定要到達西天取得真經，從來沒有說過半句要放棄的話。因此，唐僧作為取經隊伍裡能力最弱的人，反而能帶領幾個本事通天的徒

弟取經成功。

為了讓小外甥聽懂我的話，我問他：「你想想，你們班裡學習最好的，是班裡最聰明的那個，還是最用功的那個？」

他想了想說：「我們班裡學習最好的是辰辰，但是最聰明的是周沖。老師說過，要是周沖有辰辰一半的努力，就能超過辰辰。」

其實，無論是在學習、生活中還是職場上，往往是一些看起來沒什麼天賦，能力也不那麼突出的人，過得風生水起。因為，他們深深懂得，天賦是成功的有利條件，而堅持才是成功的必要條件。

那些成功的人，並不是天賦異稟，而是咬牙前行，步履不停。

每個人從年少時起，都有過夢想。只是走著走著，離自己的夢想越來越遙遠，停滯在通往成功的路上。鐵杵成針，靠的不是力量，而是堅持。

東野圭吾在《解憂雜貨店》裡寫道：「放棄不難，但是堅持下來一定很酷。」每個人都會經歷一段無人知曉的至暗時光，只有堅持和不放棄，才能看到成功的希望。

2021年，曾經有一篇博士論文〈致謝〉詞，火爆全網。

作者黃國平是中科院博士，他的〈致謝〉開篇那句話深深地打

動了無數人:「我走了很遠的路,吃了很多的苦,才將這份博士學位論文送到你的面前。二十二載求學路,一路風雨泥濘,許多不容易。」

黃國平出生於一個小山村裡的貧苦家庭,母親在他12歲時離家出走,17歲時,父親車禍去世,留下他與奶奶還有一隻狗,相依為命。家徒四壁,屋角漏雨,但每天在煤油燈下寫作業和讀書,是他最快樂的時刻。沒錢交學費,他只能靠放學後抓黃鱔、釣魚甚至出租自家的水牛努力去湊。

長年的生活困頓、飲食不規律,使年紀輕輕的他便患上了胃潰瘍和胃出血。

但生活再苦,他也沒有放棄讀書的希望。在無數次崩潰的前夕,他都告訴自己,一定要堅持讀書,走出大山。

最終,他衝出了命運的漩渦,成為一名電腦博士。

2022年4月10日,就職於騰訊的黃國平發微博稱:「我知道自己終歸是平凡的,作為無數普通人之一,在路上就是最好的狀態。」

是的,只要肯堅持,在路上,人生就會有不期而遇的溫暖和生生不息的希望。

一個人想要做成一件事情，起決定性作用的不是他有多少天賦和資源，而是他對於目標的堅持和執著。

我認識一位作者，她利用業餘時間寫公眾號三年了。現在，她的粉絲數已經超過10萬，每月的收入超過工資好幾倍。她的文章先後被很多大平台轉載，出了很多刷屏爆文，目前還在籌備出第一本書。

有人說她真是幸運。其實，你看到的幸運，只不過是別人堅持多年的結果。我知道這位作者從高中時代就喜歡寫作，大學期間整天泡圖書館，三毛、張愛玲、亦舒等女作家的書不知道翻了多少遍，《紅樓夢》裡的詩詞張口就來。

參加工作後，她一直在業餘時間堅持寫作，發表了很多作品，在流行期刊鼎盛時期，最多的一個月她發了17家雜誌，稿費在20世紀90年代就達到了一年十幾萬。如今，她做自媒體，堅持日更已經三年了，創造了普通人的奇蹟。

如果把人的平均壽命按80歲計算，人生其實是一場超級馬拉松，拚的不是開始時誰更快，而是看誰的耐力更持久，能堅持到最後。

俞敏洪曾在演講中說過這樣一段話：「你們用5年做成的事情我用10年去做，你們用10年做成的事情我用20年去做。如果這樣還不行，我就保持身體健康、心情愉快，到80歲把你們一個個送

走以後再來做。」

天賦異稟或者含著金湯匙出生的人少之又少，大多數人出身平凡，只能靠堅持不懈的努力成功。不必羨慕，不必悲觀，你若堅持，天必佑之。

所有逆襲，
不過是拚盡全力後的
苦盡甘來

文化學者馬未都老師曾經在電視節目中講過這樣一個故事：

世界著名藝術拍賣行佳士得美國公司有一位看門人，就是那種戴著白手套，站在拍賣會門口，幫每位來賓拉開門的門童。

他從十幾歲開始，就每天重複這個單調的工作，快退休的時候，佳士得在歐洲舉辦了一場盛大的拍賣會，邀請他去做嘉賓。

為什麼呢？

因為在這幾十年的拉門過程中，他熟知每個人，記住了每位來賓的姓名、背景，甚至在拍賣會上買過什麼。所以，佳士得高層請他參加拍賣會酒會，給那些互不認識的來賓互相做介紹，融洽酒會氣氛，避免尷尬。

他退休的時候，佳士得舉辦了隆重的歡送晚宴。晚宴上，主持人宣佈，他將以公司副總裁的待遇退休。

和朋友聚餐時說起這個故事，朋友感慨道：「這簡直是『逆

襲』啊！」然後嘆口氣說：「什麼時候我也能『逆襲』呢？例如中個彩票、突然升職也行啊⋯⋯」

我知道朋友是在開玩笑，她是個非常踏實的人。

我也深信，在這個世界上，那些所謂的「逆襲」，在旁人看來，彷彿是有一位魔法師瞬間點石成金，大家也喜聞樂見這樣的故事，因為可以大大滿足普通人一朝揚眉吐氣的代入感，但是，只有當事人清楚，他走過了怎樣的黑暗，經歷了怎樣的不堪，不過是憑著內心一股不懼前行的信念，熬到了曙光乍現，外人卻不知道他們經歷了什麼。

那位看門人經歷了多少蔑視的白眼、熟視無睹的傲慢，熬過了多少風霜雨雪，暗暗下了多少功夫，才記住了那些進進出出的貴賓啊！我們看到的每個輕鬆笑容的背後，都有一個咬緊牙關默默努力的強大靈魂。

香港女作家梁鳳儀在她的第一本小說《盡在不言中》出版時，已經40歲。

那時，她經歷了離婚、失業的雙重打擊。為了生活，她沒有自怨自艾，而是以優雅的姿態華麗轉身，頑強生活，創下了每天寫一萬五千字、每個月出兩本書的紀錄。

有句話說得好:「你若盛開,清風自來。」很快,她贏得了一位商界翹楚的愛慕,喜結連理。

人們都以為她從此苦盡甘來,可以安心做闊太太了,但是,婚後的她仍然堅持寫作。她共出版小說一百多部、一千多萬字,成為當仁不讓的高產作家。

有人說她是「逆襲」的典範。但是,她曾經說過,在第一次婚姻失敗後的一年多時間裡,她完全陷落在一種悲觀的情緒裡,不知道如何面對現實,徬徨無助。不過,她沒有一直消沉下去,而是將痛苦像糖一樣吃掉,擦掉眼淚,繼續前行,對著世界微笑。

驚豔大家的不是她的成功,而是無論順境逆境,她都保持向上的姿態,如一朵朝氣蓬勃的向日葵。

梁鳳儀書中的一句話,也許可以代表她的心境:「蝴蝶的蛻變,是人世間最美麗也最苦難的過程。翩翩飛舞的背後,承受的是刻骨銘心的沉重。」

很多時候,那些看起來很成功的人,也是比別人多經歷了一些挫折和失敗的人。

～

如今,人們常說階層固化越來越嚴重,普通人的逆襲更加稀

缺。但是，每個人身邊都有像我哥這樣的例子。

半年前，我哥拿到了註冊監理工程師資格證。單位裡一共七八個人去考，只有他考過了，工資漲了將近一千元。現在，他又開始自學備考建築行業含金量最高的資格證書——一級註冊建造師。這一年，我哥50歲了。

親戚朋友們說起來，都覺得我哥命好。因為哥哥小時候很淘氣，不愛學習，長大了，卻成了工程師，在單位裡，他也成了「逆襲」的傳奇。

哥哥初中畢業後，不顧父母反對堅決要去上班。在工廠摔打了一年，他吃了很多苦頭，下決心重返學校。在家裡沒日沒夜地學了三個月，瘦了十幾斤，他考進了市裡的技校。

兩年後，哥哥畢業拿到了中專文憑，成了建築公司的技術工人。

失而復得的學校生活，讓哥哥深深體會到了知識的重要。參加工作以後，他比任何人都努力。畢業第三年，也是他結婚第一年，他就自學了大專課程；2年後，他拿到了大專文憑。

哥哥的女兒出生後，他又用了兩年時間自學了本科課程，拿到了土木工程專業的本科畢業證書。這期間，我並沒有看到哥哥如何學習，但是，我看到他的身體越來越瘦，而他的眼神越來越堅定。

偶爾回家，我也很少見到哥哥，他不是加班，就是下班後到嫂子的店裡幫忙卸貨。母親總是對我絮叨：「你哥快累傻了。」

那時候，嫂子開著一個家電門店。為了節省費用，哥哥就成了專職搬運工。那時候，哥哥在單位一個人兼著多個工地的技術員，天天不知道得爬多少層樓，因為長期勞累而患上了膝蓋滑膜炎，腿經常疼得一瘸一拐。

不管怎麼樣，他每天都堅持看一個小時的書。20年過去了，他終於活成了自己想要的樣子，成了工程師，住上了寬敞明亮的大房子，女兒也考上了研究生。

命運給了他比別人低的起點，但他用30年的時間，演繹了一個絕地反擊的故事。

在網路資訊爆炸的時代，每天打開手機，就能看到這樣的消息：

《超級演說家》的寒門女孩劉媛媛實現逆襲，在北京擁有了自己的公司；外賣小哥雷海為奪得了《中國詩詞大會》冠軍；「80後摩拜單車女孩」胡瑋煒三年獲利十幾個億……

一個個鹹魚翻身的案例，一次次衝擊著我們的心。想想自己「996」的工作、越來越高的房價、家庭的開銷……恨不得拿起滑鼠，把這些逆襲的人生複製到自己的生活中。

其實,哪有什麼逆襲,你看到的人生傳奇,不過是當事人默默地熬過一個又一個生命寒冬,才迎來自己人生的高光時刻。

劉媛媛在上《超級演說家》之前,已經是北大的研究生。為了考上北大,她每天堅持比別人多學一個小時,每次最後一個進食堂;而為了成為《超級演說家》的冠軍,她經常改稿到凌晨。

雷海為每天背誦古詩詞的習慣已經堅持了20多年,甚至在送快遞、等紅燈的間隙,他也在背誦詩詞。

在成為摩拜單車創始人之前,胡瑋煒在汽車行業做了近十年記者和編輯,一直默默積累⋯⋯

你看到的逆襲背後,是日復一日的默默努力積累了數十年。其實,每個人都是自己命運的建築師,那些所謂的逆襲,都是自己拚盡全力之後的苦盡甘來。

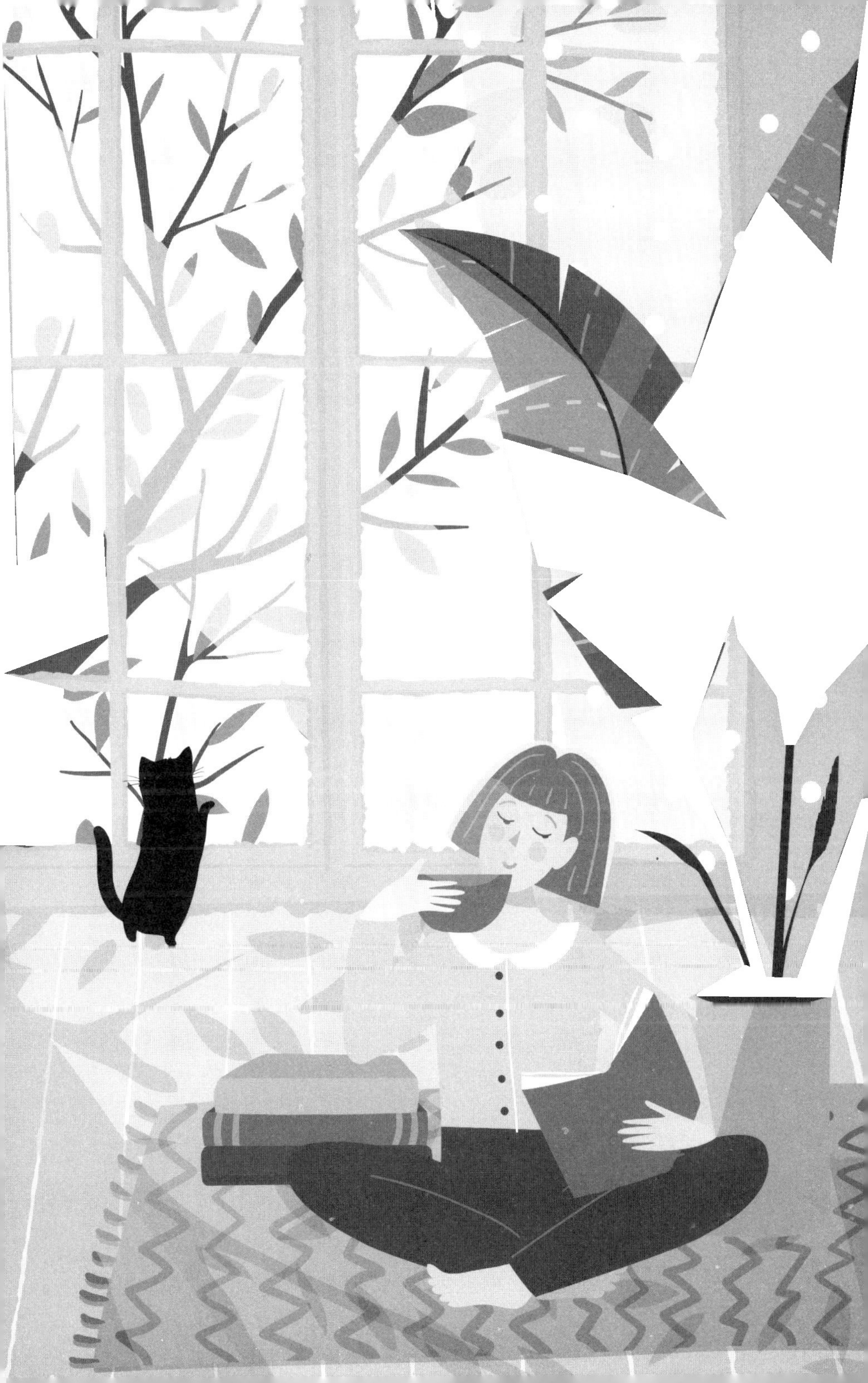

Part Four

做自己的擺渡人

生活在每一刻,都在對人群進行篩選:
在學校裡,用考試成績;在社會上,用能力。
我們都在接受命運的選拔,通關秘笈就是:
做自己的擺渡人。

那些生活的苦、命運的難,都要靠自己去化解,
因為沒有真正的感同身受,沒有人可以代替你經歷一切。
將自己的期望寄託於別人身上,只會越來越被動。

學會在低谷中修行,
無助時自癒,苦難處開花。
當你獨自披荊斬棘走出人生困局,就是成功的開始。

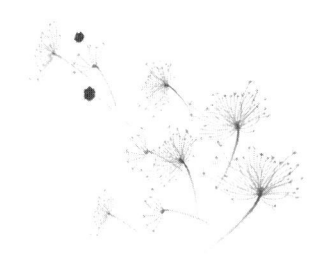

一個人披荊斬棘走出
人生困局,就是成功

前幾天,我多年未見的表妹小彤從成都回來探親。見到她的那一刻,我都有點不敢認了——她的神態自信從容、談吐大方得體,整個人身上散發著一種見多識廣的氣質,和小時候總被我們「嫌棄」醜的那個丫頭,判若兩人。

親戚們都在感嘆「女大十八變,越變越好看」。其實,這句話的含義是:一個人的相貌,30歲以前是父母給的,30歲以後,就要自己負責了。

小彤大學畢業後,留在了成都的一家報社做記者。以前我經常在電視上看到她採訪的報導,偶爾也能看到她的一個側影,那時候,她素面朝天,但是身上有股說不出的韌勁兒。

前幾年,她轉戰自媒體,到一家平台做內容策劃,也兼職寫稿。記得有一次,她的母親,也就是我的三姨生病住院,她一邊陪護,一邊還抱著筆記型電腦敲敲打打,每天都是一雙熊貓眼,人也憔悴得厲害。我勸她別太拚,她笑著說,自己已經習慣了這種生命不息、折騰不止的生活。

如今，六七年過去了，小彤成了這家平台的執行總監，嫁給了一位同行。丈夫這次陪她一起回來，一家人幸福的樣子令人羨慕。

這些年，表妹在讀過很多書、去過很多地方、見過很多行業大咖之後，漸漸找到了自己的發展方向，有了自己的位置。她臉上的氣質、散發出來的氣場，都在悄無聲息地發生著變化，以至於見過她的人幾乎都忽略了她曾經被嘲笑的身高和五官，而被她的內在氣質深深吸引。

作家張德芬說過：「『精神顏值』就是歲月、時光在你的臉上刻畫出的氣質線條。」你給人的第一印象、人們和你相處時的感受，就是你的精神顏值的表現之處。

決定一個人的精神顏值的，主要是氣質、修養、能力、閱歷，以及深入骨子裡的善良。這幾點佔得越多，一個人的精神顏值就越高，也就越具有獲得幸福的能力。

∽∽∽

善良，是一個人精神顏值的基石。一個人不善良，五官外貌再精緻，精神顏值也不會高，因為相由心生。心裡裝著美好，呈現出來的就是美好；心裡滿是邪惡，散發出的氣質就令人不舒服。

我以前看過一個故事，說是有一位雕塑家從小學習雕刻，面容

也清秀，討人喜歡，但是長大後，面目卻越來越可憎。他找到一位高僧求助。高僧說：「我可以讓你變好看，不過你得先幫我雕塑一尊觀音。」

半年以後，塑像完工，他發現自己的相貌也變得好看起來。

原來，他以前雕刻的都是鬼怪夜叉的像，心裡想的都是兇神惡煞的樣子，而雕塑觀音像時，他整天揣摩觀音慈眉善目的神態，並聯想起觀音普度眾生的故事，自己的心裡也裝滿了慈悲善良。

其實，不只是善良，一個人的各種意念、情緒，都會在不經意間顯現出來，這就是人們所說的相由心生。

中國戲曲裡有生旦淨末丑，通過臉譜化的妝容，就可以確定這個人的身分、性格。例如，曹操的慘白臉、三角眼，代表了奸惡；關羽的紅臉膛、丹鳳眼，代表了肝膽忠義；一般的小生，無論窮富，都是相貌清雅，長衫磊落……

平常人們的生活沒有戲曲那麼誇張，但是，我們見到一個人，就能從他的衣著相貌、言談舉止，迅速判斷出這個人的身分和背景：這個人慈眉善目，那個人不像好人……以貌取人，雖然不絕對準確，但也有一定道理。

日本文學家大宅壯一說過：「一個人的臉，就是一張履歷表。」的確，到了一定年紀，一個人的形象，就帶著他讀過的書、走過的路、愛過的人和經歷過的人生。

善良的人，無論貧富貴賤，臉上都會有一種乾淨篤定的氣質，令人願意跟他親近。

～

如果說善良是精神顏值的底色，那麼，學識教養則對精神顏值起到加持作用。

想起夏洛蒂·勃朗特筆下的女孩簡·愛。

她從小父母雙亡，被寄養在舅舅家。她相貌平平又瘦小倔強，經常是舅母一家的出氣筒，甚至連僕人都不待見她。

為了躲避嘲笑和訓斥，她經常躲進書房看書。她會和書中的浣熊說說心裡話，也會沉浸在悲傷的故事裡悄悄落淚。書房成了她的避難所，也療癒了她受傷的心靈，她逐漸變得安靜而有力量。

10歲時，她被送到洛伍德學校寄宿讀書。在這所學校裡，聽不到任何歡聲笑語，在一片死寂中，一群年輕的女孩每天穿著粗布衣服，面無表情地誦經、做工、幹活。

這個學校裡唯一讓簡·愛感到溫暖的是年輕的女老師坦普爾小姐。她告訴簡·愛，多讀書，成為一個有學識的人，命運才會有所不同。

在坦普爾小姐的鼓勵下，簡·愛一頭扎進書海，學習了法語、

繪畫、音樂，成為一群女孩中的佼佼者。六年後，她以出色的成績留校任教。兩年後，憑藉豐富的學識和個人修養，她成為桑菲爾德莊園的一名家庭教師。

沒有父母的托舉，沒有金錢與美貌的加持，簡‧愛憑藉自己的堅韌和勤奮，為困頓的人生闖出了一條生路。

不僅如此，在做家庭教師的日子裡，她不卑不亢的態度、過人的才藝和修養，引起了莊園主人羅切斯特的注意，他們彼此欣賞，成為戀人。

雖然後來歷經種種波折，但最終，他們走到了一起。

簡‧愛長得並不漂亮，而且身材矮小，卻活出了不一樣的精采人生。她的故事讓我們更加相信，一個人真正的資本，不是美貌，不是金錢，也不是權力，而是融入骨子裡的「精神顏值」。

一個人，長得漂亮，是優勢，但有句話說得好：漂亮只是個係數，最終活得如何、幸不幸福，取決於「精神顏值」的高低。尤其那些長相並不出眾，甚至經歷坎坷，卻仍能悅納一切、活得漂亮的人，更值得尊重。

我念高中的時候，有一個女同學，她一臉雀斑，瘦瘦弱弱的，

但是特別愛笑，無論什麼時候和她在一起，都會感到陽光明媚。

後來，高考結束後，我去她的家裡玩，才發現她的父母早就離異了，父親一人帶著他們姊弟三個生活，家裡連一件像樣的傢俱都沒有。週末的時候，她會跟父親、弟弟妹妹一起去村子附近的磚窯運磚坯，一塊磚掙5分錢，回到家裡還要餵豬餵羊。

就這樣，她高考時選擇了學費較低的師範學校，畢業後，回到家鄉中學教書。

我有一次在高鐵站遇到她，她依然開朗健談。她告訴我，她作為省高級教師，要去外省參加一個研討會。陪同她的是她老公，一個儒雅挺拔的男人。

面對原生家庭的不幸，她沒有抱怨，而是悅納了生活的苦難，像蚌生珍珠一樣，把一切不如意都轉換成了滋養生命的精華，把自己修煉成了一顆溫潤的珍珠，擁有了幸福的人生。

善良、教養、悅納，我們擁有哪一樣，都不會過得太差。而如果有幸全部擁有，那麼，我們就擁有了超高「精神顏值」，具備了擁抱幸福的能力。

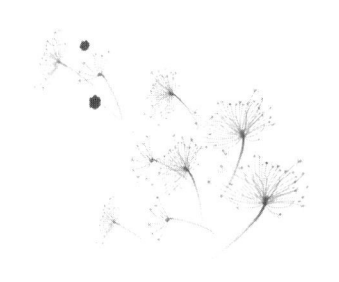

從哪一點，
能迅速看出一個人的
情商高低？

知乎上有個高讚問答，題目是：「從哪一點，能迅速看出一個人的情商高低？」

有個獲讚最多的回答是：「情商低的人愛講道理，情商高的人管理情緒。」

前幾天，隔壁辦公室新來的「90後」小周和部門主任吵了起來。

起因很簡單，公司臨時要開個緊急會議，主任讓小周下發一個會議通知，主任口述參會人員名單，小周快速記錄。

結果，開會的時候，主任發現有一個應該參會的人沒到，就責備小周道：「下個通知都整不明白！」小周卻說主任之前口述的參會人員裡沒有這個人。

而且，小周覺得主任當著那麼多人說他，不給他留情面，又委屈又氣惱，竟然回辦公室把當時記錄的名單拿來，和主任當面對質。

兩人你來我往，都在指責對方的失誤。

這時，老闆急匆匆趕回來主持會議，見此情景，黑著臉說了句：「都回去反省一下。」

原本只要稍微彌補就能過去的小事，在失控的情緒下，演化成了非要爭個對錯輸贏的口舌之爭。相信等他們冷靜下來後，也會覺得後悔。

生活中，因為一些小事而發生的矛盾和爭執屢見不鮮：家長給孩子輔導功課，看到孩子不開竅的樣子，氣不打一處來，開啟碎碎唸模式，甚至動手打孩子，結果卻讓孩子越來越叛逆；朋友之間聚會閒聊，為了一件小事就爭得面紅耳赤，好好的一段關係蒙上陰影，甚至決裂……

一時的口舌之快，往往令雙方都受傷害。

正如作家李小墨所說，始終要在言語上勝過他人，是情商最低的行為。

低情商表現在婚姻生活裡，是時時爭對錯，處處講道理。

觀察一下周圍人的婚姻，如果雙方都喜歡爭對錯，凡事都要講道理，那麼，這個家庭一定不會幸福。因為在家庭中，很多事情無法分清楚對錯。

例如,一碗粥的稀稠、一盤菜的鹹淡、一件衣服的好看難看……很多都是主觀認知,每個人的觀點都有一定道理。

婚姻本就一地雞毛,若每件小事都要爭個你輸我贏,那就永無寧日了。

有多少夫妻,因為想在一場場爭吵中求勝,吵著吵著,就親手斷送了一段婚姻。吵贏了一場架,卻輸掉了愛人,悔之晚矣。

如果有一方放棄講道理,凡事裝傻,只要對方生氣就認慫、道歉,這樣的家庭反倒十分幸福。婚姻最好的相處模式,是「不講道理」。

一個女孩當初嫁給一個男孩,肯定不是因為那個男孩擅長講道理,而是因為他愛自己。

反之亦然。

我的父母,典型的男主外、女主內。父親是工作狂,母親沒工作,每天換著花樣做飯,把家裡打掃得窗明几淨。

然而,在單位殺伐決斷領導上百號人的父親,和我媽「吵架」從來沒贏過。

其實,在我們看來,母親有時候純屬無理取鬧。有時候見父親好言好語給母親道歉,我便站出來打抱不平,但父親總笑著把我支開。

直到我要結婚的時候,父親告訴我:「以後要改改壞脾氣,不要凡事講道理,因為家不是講理的地方。你看,你媽贏了我一輩子,並不是我吵不過她。有時候,贏了理,輸的是感情⋯⋯」

我一下子醍醐灌頂。

也許愛人之間,最好的樣子就是她在鬧,你在笑——讓家成為愛的溫柔鄉!

～～～

生活不易,要懂得用自己的言行保護自己。誰沒有在出門辦事時遇到過「垃圾人」?誰沒有被好朋友或者閨密背叛過?如果次次都衝上前去理論,即使贏了,也往往殺敵一千,自損八百。

《歡樂頌》裡,安迪有句非常經典的話:「只與同好爭高下,不與傻瓜論短長。」最好的辦法是,看破不說破,在內心設道防線,防止受傷。

很多時候,惡人自有惡人鬥,小人自有小人纏。

上個月,父親住院時,我在醫院陪護。隔壁兩位病號的家屬因為開窗通風問題發生了爭執,一個嫌房間味道不好,要開窗通風,一個稱太冷,堅持不讓開,吵得走廊裡都聽得見。

開窗通風的那位男士的母親,衝他擺擺手,讓他關上窗戶,並支使兒子出去買水果。幾天後,堅持不讓開窗的那個人,在去外面

買包子時,又與人發生了爭執,被打破了頭。

後來瞭解到,不讓開窗的那個男人36歲了,妻子與他離了婚,他外出打工時好勇鬥狠,剛被拘留過,回家後父親又生病住院⋯⋯

這樣的人生,估計他自己也覺得失敗吧,所以只能透過口舌之快維護虛弱的自尊。

有句話說得好:「沒什麼本事的人,就只能在嘴上逞能。」遇到這樣的人,最好的辦法就是認慫。這不是真的慫,而是情商線上。

情商高的人,是不屑與層次低的人爭論的,他們只會與同好爭高下。

作家亦舒寫了那麼多膾炙人口的小說,自己也是情商很高的人,從不與人當面爭執。有一次亦舒參加一個聚會,席間偶爾笑著說了一句:「女孩子長得美真佔便宜,走到哪裡都有人樂意關照。」

旁邊立刻有一位男士義正詞嚴地說:「人的內在才最重要。」然後拉開架勢,大談世道墮落以及心靈美的重要性。亦舒見狀,立刻點頭稱是:「一點兒也不錯。」由此止住了男士的宏論,然後轉頭與其他人交談。

其實,聚會就是為了開心,又不是辯論賽,很多話經不起學術般的推敲,何必認真,正如亦舒所說,「力氣要留到緊要關頭用」。

亦舒是大作家,學問修養自不必說,情商也是一級棒。而普通人,只要懂得換位思考,也一樣可以做到。

有一句話說得好:「人不講道理,是一個缺點;人只講道理,是一個盲點。」

我曾經跟幾位朋友去外地,因為路不熟,下錯了高速路口。這時,其中一位朋友立刻指責開車的朋友:「我早就和你說了開導航,你非說認得路。你看,走錯了吧!我們恐怕得半夜到家了。」

司機馬上懟回來:「要不你開!」恰好那位朋友不會開車,聞言立刻惱羞成怒。

眼看兩個人要吵起來,這時,另一位朋友說了句:「這個路口最容易出錯,我也走錯過。下一個路口再上去就好了,不會耽誤多久的。」兩個人聽後瞬間都不再吭聲。

回來後,我好奇地問這位朋友走錯路的經歷。他笑笑說,是為了平復大家的情緒才那樣說的,其實自己沒在那裡走錯過。

人與人相處,很多人都是站在自己的立場,活在自己的情緒裡,總愛講道理來證明自己是對的,這樣容易引起不必要的衝突。

情商高的人不會犯這種錯誤，他們能夠體察對方的情緒，並給予安撫，讓誤會迎刃而解。

〰️

情商是一門學問，人們不是生而有之，但是可以透過後天的努力，不斷提升自己的情商。

提高情商最大的捷徑就是讀書。每讀一本好書，都是在與一位智者交流，在他的循循善誘下，經歷不同的人生，尋找有效的成長途徑。

其次是思考。遇事先不要衝動。俗話說得好：「水深則流緩，人貴則語遲。」話到嘴邊留半句，往往事半功倍。

還有一個最簡單的辦法，多誇獎鼓勵別人。良言一句三冬暖，惡語傷人六月寒。作家霧滿攔江說過：「管好自己的嘴巴，不說話沒人拿你當死人，別那麼刻意追求存在感，你說的話不過是上下嘴唇一碰，在別人心裡引起的波瀾，卻往往是驚濤駭浪。」

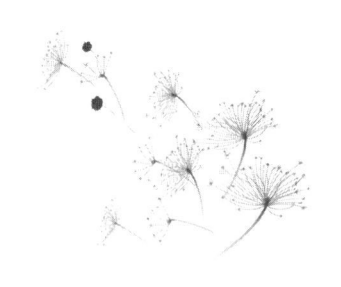

畢業20年後發現，
和同學除了同齡，
就沒啥相同的了

前幾天，閨密老顧在朋友圈曬了兩張照片，一張是上週同學們在餐廳聚會時拍的，一張是大學畢業照，還配了文字「20年後的相聚」。

畢業照已經有些模糊，但是飛揚的青春依稀可辨。最近的聚會，女同學燕瘦環肥，男同學兩鬢泛白，但是，一眼可以看得出每個同學的生活狀態。

想要知道一個人生活得如何，只要看一看對方的臉，就八九不離十了。

老顧和我聊起這次聚會時特別感慨：「畢業20年了，我忽然發現，自己和同學們除了同齡，幾乎就沒有相同的地方了，差距太大了！和有些同學比起來，感覺他們在天上飛，自己在地上爬。」

其實老顧並沒有她自己說的那麼差，她是朝九晚五的縣城公務員，生活也算歲月靜好。

為了反駁我的話，老顧一口氣說了好多優秀同學的情況，讓我印象深刻的有兩個：

女同學A，正在國外度假，沒有參加聚會。但是，她是聚會的主要話題。大家傳看著她發的朋友圈：在倫敦的廣場上餵鴿子，在瑞士雪山旁，在巴黎聖母院大教堂，甚至有一張，背景是英國女王坐著馬車出行……沒人覺得她是炫富，大家不約而同地覺得她就該過這樣的日子。

男同學B，就沒有這麼幸運了。因為在大學裡，他是最不愛學習的，踢球追女孩玩搖滾，整個男生宿舍樓都深受其害，幾乎天天聽得見他「我曾經問個不休」的嘶吼。可是，如今他在北京有自己的公司，住著別墅，還在昌平有座農場。明明他在學校時的表現不好，畢業後的人生卻像開了掛似的，這找誰說理去！

有好的，就有不好的。老顧說，有幾個同學，在企業領著幾千塊工資，還住著結婚時的老房子；還有下崗的，乾脆不好意思來參加聚會。總之，曾經坐在一個教室裡、聽同一門課程、考同一張試卷的同學們，在20年後，見識、閱歷、資源、能力，已是天壤之別。大家慨嘆：「沒辦法，人家命好啊！」

其實，放眼望去，除了個別含著金湯匙出生的「富二代」，沒有幾個人是天生好命，那些過得越來越好的人，靠的不過是咬緊牙關、日復一日的默默努力。

老顧說，她和女同學A是一個宿舍的。那時候，她們讀的是個普通二本學校（二本是普通大學，一本是全國重點大學），功課壓力並不大，宿舍裡的幾個人經常一起逛街、爬山、打撲克。

只有A除外，她天天泡圖書館，以至於後來老顧她們笑稱A「不是在圖書館，就是在去圖書館的路上」。大一過後，A同學考過了英語四級。那時候，英語四級不像今天這麼普及，整個學校也不過三五個人考過了。

老顧她們也羨慕過一陣子，紛紛買了書，準備考試。但是，幾個月後，陸陸續續放棄了。後來，她們只見A早出晚歸，每天只睡四五個小時，不知道她在做啥。直到畢業，她們急著找工作的時候，才知道A放棄了留校機會，考上了在全國排名前五的大學的研究生。

研究生畢業後，A進了跨國公司，開始全世界飛。當我們每天工作8小時，優哉游哉享受歲月靜好時，她每天工作十幾個小時；當我們一年看不了10本書時，她一年看了200本。所以，當我們努力買幾千元錢一平方米的房子時，她已經在深圳和國外有了自己的房子。

愛因斯坦說過：「人的差異在於業餘時間，業餘時間生產著人才，也生產著懶漢、酒鬼、牌迷、賭徒，由此不僅使工作業績有

別,也區分出高低優劣的人生境界。」

如果想成為更好的人,那麼,就用好自己的業餘時間,即使不成功,也會慢慢成長。

～～～

世界著名的管理諮詢公司蓋洛普曾對1000多位多才多藝的社會名流的成功經歷進行調查,得出了一個令人吃驚卻又極其簡單的結論:他們的輝煌不過源於每天比別人多用一個小時來做有意義的事。

《明朝那些事兒》的作者當年明月,小學時,就利用課餘時間把《上下五千年》讀了十幾遍;初中時,開始在課後研讀《二十四史》;進入大學後,他把課餘時間都花在了博覽群書上,廣泛閱讀各種正史、野史、歷史雜談、實錄;參加工作後,八小時之外,他主要研究明史,並在網上連載明朝歷史小說,引發了廣泛關注,結集成書。

2009年,《明朝那些事兒》一書銷量超過千萬冊,創造了中國圖書的銷售奇蹟。當年明月的成功,靠的更多的是8小時之外的點滴積累。

其實,人的一生中,除了每天學習工作的8小時、睡覺的8小時,剩下的8小時就決定了我們人生更高的走向。大學裡的剩下8

小時，決定了畢業後的起點；工作之後的剩下8小時，則決定了你人生最終的落腳點。

我曾經看過一個知識折舊定律：一年不學習，你所擁有的全部知識就會折舊80%。記得大學畢業時，老師告誡我們：「任何一個人在學校求學階段所獲得的知識，不過是他一生所需的10%，甚至不到10%，其他90%以上的知識，必須在離開學校之後的自學中不斷獲取。」

一生漫長，我們只有終生保持學習的習慣，才能不被社會淘汰，最終成為人生贏家。

～～～

至於老顧那位踢球泡妞玩搖滾，畢業後卻成了「土豪」的男同學，我不知道他經歷了什麼，但是，我有一個表弟和他非常相似。

表弟高中畢業後沒有考上大學，打工、賣菜、開遊戲廳，三年內，他吃遍了以前十八年沒吃過的苦，看遍了以前十八年沒看過的臉色，終於狠心要活出個樣來，於是貸款開了家加工廠。

期間種種坎坷一言難盡，他只和我說過一件事：有一年夏天，他趕著給佛山客戶送貨，連續開車十幾個小時，快到佛山的時候，車忽然罷工了，他鑽到車底下去修，卻在車底睡著了。半夜下起了暴雨，積水把他泡醒了，他趕緊修好車繼續趕路，終於趕在客戶的

指定時間內把貨送到。客戶被他的誠實守信感動，提出給他加錢，他拒絕了。

後來，他的公司越做越大，產品出口到歐洲。但是，在37歲的時候，他放下生意，去讀了MBA。那陣子，他說比做生意時的壓力還大，頭髮大把大把地掉，可是，他為了彌補之前荒廢的時間，咬牙堅持了下來。畢業時，他拿著畢業證書，痛痛快快地哭了一場。

我們以為「土豪們」在忙著享受生活，其實，他們比我們普通人更努力。

有野心，又肯吃苦，堅持下去，生活總不會太差。大多數時候，決定人生高度的，是能力和欲望匹配後的那個你。

～～～

老顧對我說，自己有點焦慮了，小半生過去，再怎麼努力也撐不上他們了。

我開玩笑說，即使要焦慮，也要焦慮對地方，不需要和同學比，越比越焦慮，不如根據自己的實際情況，給自己定一個小目標，然後立刻開始去做。

除了「臨淵羨魚，不如退而結網」，還有一句話說得好：「種一棵樹最好的時間是十年前，其次是現在。」現在，就是最好的時候。

有人曾說，世界上只有兩種動物能到達金字塔頂，一種是老鷹，一種是蝸牛。老鷹能到達「金字塔頂」，是因為牠有一雙矯健、敏捷的翅膀；蝸牛能到達「金字塔頂」，則依靠吃苦耐勞和永不言棄。如果我們沒有得到上天給的那雙翅膀，那麼，就學習蝸牛，慢慢向塔頂爬。

我和老顧想起了我們曾經的愛好：文字。

幾年前，老顧還經常在報刊上發表文章，後來工作一忙，就放下了。她決定重拾文字夢，開始寫自己的公眾號。

隨後兩週，老顧忙得沒空理我，只是片言隻語地留言：

「我開通公眾號了。」

「我寫了5篇文章了。」

「我買了12本書。」

「感覺時間不夠用啊，你有事給我留言吧。」

……

再次和老顧見面，我發現她神采飛揚，整個人都不一樣了：以前見了面，基本都是抱怨老公如何不求上進，孩子如何不聽話，家裡長輩身體不太好……唉聲嘆氣；現在，張口閉口就是新聞熱點、閱讀量10萬多的爆文，還推薦給我好幾個特別有思想的公眾號。那天告別的時候，我覺得老顧走路的姿勢都自信滿滿。

人生，不論從什麼時候開始，只要找對了方向，把八小時之外充分利用起來，每個人都可以變得更美好，配得起更好的生活。

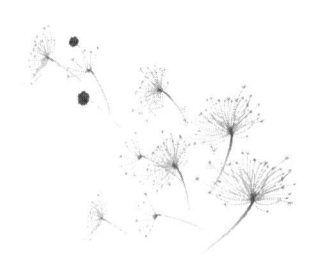

做自己的擺渡人，
哪怕活成一支取經隊伍

網上曾經有一個調查：「《西遊記》裡，你最喜歡的人物是哪一個？」齊天大聖以絕對優勢穩坐第一把交椅。

這個答案一點都不讓人意外。從每年暑假都要「霸屏」的1986年版《西遊記》就可以看出有多少人喜歡這部電視劇，那個降妖除魔、快意恩仇的美猴王，曾經是一代又一代人兒時的夢想。

我們煩透了那個善惡不分、整天就會唸緊箍咒的唐僧，不屑那個遇事就把孫悟空推上前、一心想回高老莊做女婿的豬八戒，忽略了整天默默挑著擔子、只會服從的沙和尚……

孫悟空則不同，他不但有一雙分辨善惡美醜的火眼金睛，還會七十二變，他手裡的那一根金箍棒，可以攪得地覆天翻。這讓他成為無數人心目中的蓋世英雄。

但是，隨著年紀漸長，我們會發現美猴王只是一個夢。

成年人的世界，哪有自由自在，每個人都在生活的一道道緊箍

咒下，活成了一支取經隊伍。

～～～

在職場上，我們是默默咬牙前行的沙僧。

《西遊記》中，孫悟空被老闆玉帝派去看管蟠桃園，得知老闆娘王母娘娘開蟠桃盛會卻沒叫他，一氣之下，闖入蟠桃會，大吃大喝一番，還把太上老君煉丹爐裡的仙丹都吃了，最後，揹著一口袋好吃好喝的回了花果山。

孫悟空作為養馬的弼馬溫，在職場上受了委屈，便立刻跳起來反抗，老闆卻拿他無可奈何。而年輕時，我們以為憑著一腔熱血和幹勁，可以踏平坎坷成大道，但是，漸漸發現，自己做不了孫悟空，只能做沒有任何背景的沙和尚。

沙僧只因為在蟠桃會上失手打碎了琉璃盞，便被玉帝打了八百杖，還被貶到凡間，每天在冰冷的流沙河裡受苦。後來被唐僧收為徒弟，取經路上，他兢兢業業地挑著擔子，保護著師父，不敢有絲毫鬆懈。

他沒有大師兄的能力強，沒有豬八戒的嘴巴巧，只能默默努力，不爭不搶，因為但凡行差踏錯一步，所有的努力都會付之東流。他只能小心翼翼，一步一步朝著目標努力。

但是，取經成功後，佛祖卻沒有兌現官復原職的承諾，讓他重上天庭做捲簾大將，他也只是默默接受了金身羅漢這個封號，至少不用再回流沙河受苦了。

我有一位好友在國企工作，有一回喝醉酒後吐槽說：

本來以為自己揣著那麼高的學歷，抱著一腔熱情，定能幹出一番事業，卻不料，使出渾身力氣，做了那麼多事，最後，卻沒有變成那個腳踏七彩祥雲的孫悟空，而是那個一到升職加薪就被忽略的沙和尚。沒辦法，只好認慫。

我告訴他，其實，絕大多數人最後都只能成為沙僧，用盡一生只為守護現世的那一點安穩。但，那個會認慫的沙僧，才是現實生活中的英雄。

～～～

在家人面前，我們會努力扮演知足常樂的豬八戒。

《小歡喜》熱播時，黃磊扮演的方圓是最暖心的一個人。他的發小季勝利是副區長，朋友老喬是家財萬貫的成功商人，相比之下，他看起來胸無大志，整天樂呵呵地圍著媳婦孩子轉，後來下崗了，也沒有垂頭喪氣，開起了順風車，還興高采烈地做起了業餘配音。

他的口頭禪就是：「一家人全全乎乎地在一起，就是幸福。」如果把他設定為取經師徒裡的某個人物，我覺得他特別像豬八戒。

其實，我們每個人初入社會時，誰不想做那個無所不能的孫悟空呢？手握金箍棒，降妖除魔，獨自一人扛住九九八十一難，拿金箍棒畫一畫，就為家人創造出一個安全舒適區。

然而，在行走社會時，我們會發現，生活有時比取經還難。一路上何止九九八十一難，除了職場上的暗流洶湧，還有車子房子、老人孩子，還有一個總也跟不上趟的隊友。

怎麼辦呢？孩子小升初，要厚著臉皮去求人；老人生病，要賠著笑臉求醫生找大夫，還要24小時陪護；妻子的衣服化妝品，都是自己的面子⋯⋯

做不到的，只能退而求其次。

孩子上不了最好的學校，就告訴孩子：再好的學校，也有不好的學生；再不好的學校，也有好學生⋯⋯

守在病床前，我們要假裝輕鬆，告訴老人：沒事兒，很快就出院了⋯⋯

妻子想要的高級時裝買不起，就哄妻子：其實，你穿什麼都好看⋯⋯

總之就是像豬八戒那樣，變著法地哄媳婦開心，用幽默來緩解壓力，忠心耿耿地守護著一家人，活得簡單又真實。

知乎上曾經有個問題:「《西遊記》師徒四人當中,你願意嫁給誰?」

結果顯示,七成以上的人選了豬八戒。主要是因為他專一,雖然有時會被妖精迷惑,但是,取經隊伍一說散夥,他就立刻喊著要回高老莊,從沒想過去別處。

生活就是這樣,走著走著,我們就變成了自己當初討厭的人。但是,為了家人,心甘情願。正如作家蘭迪所說:「知道為什麼而活的人,就能夠承受任何一種生活。」

～～～

而在親朋好友眼中,我們則是那個會唸咒和時常碎碎唸的唐僧。

閨密陶子說,自從她當了個芝麻官,就成了親朋好友眼中的「唐僧」。有人要她給孩子安排工作,有人求她幫助升遷,還有人張口就要借個幾萬元……能幫的,她都盡力幫了,但是,有的實在幫不了,便被親朋好友各種詬病。

她苦笑著說,自己這個芝麻官不是孫悟空,不能變出每個人需要的東西;也不能像唐僧那樣,唸唸緊箍咒,就可以心想事成。而且,自己也是在取經路上,一路披荊斬棘,危險重重,有時候,真的想撂挑子不幹了。

我說,其實你還真應該學學唐僧,堅定信念,不論千辛萬苦,

都要堅持完成自己的夢想。

奮鬥了幾十年卻依然是一顆螺絲釘的我，就沒陶子這個唐僧那麼招人待見了。說多了，就是碎碎唸、無厘頭，像周星馳扮演的唐三藏。

歌手毛不易在〈像我這樣的人〉裡唱道：「像我這樣優秀的人，本該燦爛過一生，怎麼二十多年到頭來，還在人海裡浮沉。」
雖然我們都想做無所畏懼、任性自由的孫悟空，但是，當我們在人海裡浮浮沉沉之後，最終都活成了即使心中人仰馬翻，也要一臉安寧的唐僧。

～

女作家蘇岑在《世界上沒有人比你更重要》中說：「爭強好勝是天性，不服輸的年紀，每個人都眼高於頂，於是夢想回報你的是一次次鼻青臉腫。」

有句話說：「年少只知獼干勇，長大才知悟空慫。」其實，豈止是悟空慫，整個取經隊伍，每個人都有各自的長處，也各有認慫的那一點。

作為普通人的我們，只能勇敢地活成一支隊伍，取長補短，披荊斬棘，一路向前。每個人都會經歷自己生命中的至暗時刻，不要

指望次次有菩薩來救你，大多數時候，我們要做自己的擺渡人，熬過去，就是柳暗花明。

不用問路在何方，路，就在每個人的腳下。

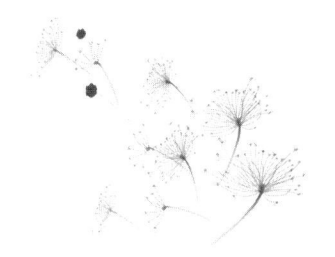

那些所謂的好運氣，
其實是一種能力

去年，侄女裘蒂入職了上海一家國企。同去面試的還有其學校的幾個同學，最後只有裘蒂被錄取了。

裘蒂說，當她面試完準備走的時候，在門口碰到被淘汰的一個女孩，女孩很不服氣地跟她說：「你太幸運了，就因為你懂俄語。」

真的是運氣好嗎？

裘蒂說，自從大三準備放棄考研，她就開始研究自己想要入職的幾家企業。

最終確定了兩家公司，一家國企，一家外企。外企需要英語，她不擔心，因為已經考完托福和雅思，她的英語水準完全可以勝任；而國企現在轉移重點，開始和俄羅斯做生意，於是，她開始自學俄語，當時想的是有備無患。

頭懸樑、錐刺股地學了一年後，她的俄語水準基本可以和俄羅斯人自由交流了。

簡歷裡，特長一項，她填寫了俄語。

面試時，考官忽然用俄語問了她一個問題，裘蒂立刻接住了話題。

　　為什麼在同樣的教育背景下，有差不多的智商，在相似的機遇面前，有的人能夠把握住機會，越活越精采，而有的人卻與機會失之交臂呢？

　　有句話說得好：「運氣就是好機會碰巧撞到了你的努力。」說到底，運氣是努力的附屬品，沒有經過努力的原始積累，給你機會，你也會把握不住。

　　所以，不要羨慕那些好運氣的人。所謂好運氣，都是經過不斷努力積累出來的能力。

～

　　為什麼有人經常說自己運氣不好？其實是努力不夠。美國著名心理學家理查・懷斯曼教授曾經做過一個實驗，他找了兩類人，一類是有錢又幸運的人，一類是不斷失敗的倒楣蛋。

　　他想尋找是什麼原因使他們成為不同的人。實驗很簡單，所有人都隨機分到一張報紙，每個人只要數清楚手中的報紙上有多少張圖片，告訴教授就可以了。

　　很快，所有人都數清了圖片，但是有一部分幸運的人還拿到了錢。於是，拿不到錢的「倒楣蛋」們憤怒了，認為教授太偏心。

面對大家的憤怒，教授笑了，說：「你們打開自己手中報紙的中縫看看。」

那些「倒楣蛋」打開報紙的中縫一看，傻了。原來，中縫上列印著一行字：「把這行字給懷斯曼教授看，他就會給你錢。」

那些運氣好的人，數完了圖片，又翻看了一下報紙，看到了這行字，所以拿到了錢。那些運氣不好的人不服氣道：「這能怪我們嗎？是你事前沒說清楚！」

教授笑著說：「你們運氣不好，真的不能怪別人，只能怪自己。因為現實生活就是不確定的，誰也不知道將來會發生什麼，誰能給你說清楚？」

十七世紀法國著名思想家、數學家笛卡兒說過：「機遇總是垂青那些有準備的人。」

裘蒂落聘的同學、拿不到錢的「倒楣蛋」，以及各個覺得運氣不好的人，不知道這個世界的複雜與多變，老師、家長、領導讓做什麼就做什麼，不肯多想一點，多做一點，才與機會失之交臂，卻把問題歸結在運氣不好上，殊不知，是自身不夠努力的結果。

～～～

其實，很多時候，好運氣與壞運氣，對每個人來說都是公平的。只不過，有些人面對「壞運氣」不氣餒，不抱怨，努力去積累

能量，尋找新的機遇，上演了絕地反擊的故事，最終成為人們眼中的幸運兒。

北京市高三學生李泰伯曾經多次獲得奧林匹克數學競賽全國一等獎，展現出了極高的數學天賦，同時他也具有優秀的領導能力，一直擔任班長和學生會主席的職位。因此2010年在其高考前夕，北京大學向他拋出了橄欖枝，想要提前招收他入校。

然而，他拒絕了北大的邀請，堅持要參加高考。高考前，通過了托福和雅思考試的李泰伯申請了國外的11所名校，沒想到全部遭拒，一時引起轟動，被很多人視為「應試教育失敗的典型」，甚至上升到中美教育方式的高度，引發辯論。

面對各種聲音，李泰伯沒有消沉，而是立刻專心投入高考，考出了703分的高分，成為北京市理科狀元。

在清華大學委培一年後，他轉入香港大學學習。一年後，透過自己的努力，他又轉學到世界頂尖名校麻省理工學院。大四，又從麻省理工學院轉學到英國劍橋大學。大學四年，一年一個世界頂級名校。

而他在獲得麻省理工學院的電子工程和電腦雙碩士後，又去美國最好的醫學院約翰霍普金斯大學讀完了醫學與哲學雙博士學位。

我也看到過很多高考狀元，在遭遇挫折後一蹶不振，走上了潦倒落魄的人生道路。

同為同齡人裡的佼佼者,同樣遭受了各種挫折與考驗,為什麼有的人逢山開路,遇水搭橋,有的人卻陷入人生低谷無法自拔?

作家羅曼・羅蘭說:「挫折可以鍛鍊出優秀的人物。它挑出一批心靈,把純潔的和強大的放在一邊,使它們變得更純潔、更強大;但它同時讓其餘的心靈加速墮落,或是斬斷它們飛躍的力量。」

我們都在接受命運的選拔,通關秘笈就是:透過不斷努力,提高自己的能力,然後不斷打怪升級,成為一生好運之人。

～

能力可以透過不懈努力得到。一個人的天賦有高有低,家庭出身也不一樣,即使同一個家庭出來的孩子,幾十年後,人生際遇也有很大不同。

那些透過不懈努力提升自己的能力,最終實現夢想的人,都值得尊敬。

俄國大文豪契訶夫,在兄弟們中間是最笨的一個。他的大哥天賦驚人,讀書過目不忘,知識淵博,契訶夫羨慕不已。二哥有繪畫天賦,作品被著名畫家看到,稱其為天才。

只有契訶夫沒什麼才能,開始寫作,也是為了幫助破產的父親和維持自己的大學生活所需。當人們見他寫得太辛苦,勸他休息一

下時，他說：「弟弟妹妹要吃飯。」

而他的兩位哥哥，面對生活的磨難卻只會抱怨，抱怨命運不公，抱怨別人不懂自己，感覺全世界都欠自己的。

後來，契訶夫克服各種困難，成為大文豪，兩位哥哥卻早就在頹廢的生活中被人淡忘了。

像這樣在困境中不言放棄，透過自己的努力逆襲成功的人，比比皆是。例如《超級演說家》冠軍劉媛媛，上演了寒門逆襲；2018年以707分考入北大的貧困女孩王心儀，寫下令人唏噓的《感謝貧窮》……

但是，也有一些人，當身處泥沼時，迅速為自己失敗的人生找到華麗的藉口，然後在失意裡掙扎，自怨自艾。

學習不好，是因為原生家庭貧窮，享受不到好的教育資源。

工作不順利，是因為領導有眼無珠，同事嫉妒打壓。

戀愛不成功，是因為現在的女孩們太注重物質。

家庭關係不和睦，是因為家裡沒人看到自己的付出……

反正錯都是別人的，自己只有無奈。

邱吉爾說：「能克服困難的人，可使困難化為良機。」當你拚盡全力，克服一個又一個困難，擁有了勝任自己角色的足夠能力，好運氣自然就會來找你。我們看到的那些好運氣，其實都是一種能力！

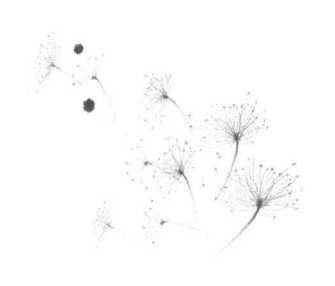

「隱形貧困人口」不可怕，關鍵是打算窮多久

前不久，「隱形貧困人口」成了網路熱詞。關於這個詞的解釋是：有些人看起來每天有吃有喝有玩，但實際上非常窮。

《人民日報》公眾號也接地氣地聊起了這一熱詞，總結說，「隱形貧困人口」就是指那些朋友圈光鮮靚麗，口袋空空如也，「吃土」是常態，在精緻道路上拿出十八般武藝、拚盡全力的人。並簡單列舉了幾種主要表現形式：

「能買戴森吸塵器就不用掃帚了；吃完牛油果又要吃藜麥了；100元錢一張的『前男友面膜』用起來也不心疼；一有健身衝動，就非得去辦張年卡……」

看到這裡，網友們的評論大致分為兩種：一種是驚呼「這說的不就是我嗎」；另一種則是「這絕不是我，我是真貧困人口」。

這個略帶調侃的詞，的確反映了當下一些年輕人的生活狀態。網路時代，資訊傳播之量大、之快速是前所未有的。前些年，巴黎春季時裝週的走秀款，第二年才能在國內一線城市流行，如今，

連縣城都幾乎同步；網路電商的興起，讓人足不出戶，「購」遍全球；各種引領消費的廣告，從地鐵口到住宅電梯間，無孔不入，刺激著人們的消費欲望。

消費欲望在急劇膨脹，消費能力卻遠遠滯後。於是，金融創新來了，芝麻信用、螞蟻花唄、京東白條及各種信貸平台，給了年輕人預支未來的機會，滿足了人們對美好生活的追求，從而產生了一批沒錢也敢花、看起來很舒服、其實窮得吃土的「隱形貧困人口」。

基於每個人的消費實力、消費心理和成長預期不同，「隱形貧困」分為積極的隱形貧困和消極的隱形貧困。無論屬於哪一種「隱形貧困」，都不要緊，重要的是，如何走出這種另類的貧困狀態，儘早「脫貧」，實現自己的人生夢想。

社會在發展，今天的年輕人不再過上一輩人省吃儉用的生活。正如《人民日報》公眾號裡寫的：「生活有壓力，『反正買不起房』，很多年輕人索性在其他物質消費上放飛自我；工作有壓力，據說10點後加完班的計程車上，不少女性白領喜歡打開淘寶，怒刷幾單，以解心頭憤懣。」只要在自己的能力範圍之內，這些都不叫事兒。

還有一部分人，為了賺更多的錢而購置高檔消費品。

我有一個經商的朋友大吳，幾乎每隔幾年就換一次車，越換越好，十幾年間，座駕從普桑換到了路虎，還有一輛賓士S600。

有一次，我們跟大吳一起吃飯。大家談論起他不斷換車，都羨慕不已。有一個人用換車的頻率，計算他的財富增長速度。

大吳哈哈一笑，說：「我這幾年是賺了點錢，但錢的增長絕對沒有趕上車的檔次增長。我這車，其實是貸款買的。沒辦法，你去談生意，什麼人都能遇到，人家一看你這車不好，馬上覺得你這企業沒實力，都懶得跟你談。吃過幾次虧，我就學乖了，狠下心來買好車，而且根據客戶的不同性格和愛好，開不同的車，這樣很快就能和客戶聊到一起，接下來生意就好談了。」

他又嘆了一口氣，道：「其實，我才是窮人呢！表面風光，內心憂傷。」

每個人都有自己的不得已，為了減壓，或者工作需要，適當地投資和奢侈一把是可以理解的。

但是，還有一部分人，他們禁不住外界的刺激和誘惑，虛榮心作祟，盲目攀比，超前消費、無節制消費，從而導致自己成為「隱形貧困人口」。

例如，一些年輕人明明月入5000元，卻穿著3000元的大衣，敷著100元一片的面膜，租著6500元帶落地窗的大房子。

追求有品質的生活無可厚非，但消費經常超出自己的能力範圍，享受了高級生活還高喊自己貧窮，就是矯情了。

更可怕的是自己沒能力還貸，還要讓父母揹上壓力。

我有一位同事的女兒，大學畢業後到北京打工，每月薪水不到6000元，除去房租和吃飯、交通花費，所剩無幾。

一年後，她說受不了合租人的脾氣，自己租了一室一廳的小房子，而且，吃穿用度都開始「國際化」，不但自己的工資月光，每月還要父母接濟幾千元。她的父母是普通工薪族，兩個人的工資合起來不到一萬塊錢，還要還房貸。

前幾天，我在商場遇到了同事母女。女兒一身名牌，手裡拎著最新款的奢侈品牌包，而同事，還穿著五六年前的舊衣服，排隊等著買特價雞蛋，40多歲的人，頭髮已經隱隱泛白。女兒嫌棄地向我吐槽她母親為了幾個雞蛋排隊「特丟人」。

這種「犧牲父母的生活」來追求表面風光的人，才是真正的貧困人口，窮在內心沒有寄託，困在虛榮裡走不出，害人害己。

其實，每個人在成長奮鬥的過程中，都或多或少會經歷一些壓力，走一些彎路。只要有目標，並肯腳踏實地去努力，哪怕遭遇階

段性的貧困也不可怕。怕的是只想享受，不想未來，這樣的「隱性貧困」會變為真正的貧困。

不管哪一種貧困，都是需要儘快脫離和改變的。古語說得好：「不謀萬世者,不足謀一時。」如果希望光鮮亮麗的生活方式保持長久，就必須從現在開始制定計畫，努力踐行，讓自己的能力配得上自己的野心，真正過上理想中的生活。

1. 戒掉盲目攀比的虛榮心，停止超出能力的奢侈消費。

把錢花在刀口上，沒必要去為日常每個小小的欲望買單，因為前方有更美好的生活等著你。

2. 投資自己。

工作之餘，多學一門技術或者課程，讓自己的實力不斷增加，包括技能與精神方面。讓自己擁有無論走到哪裡都可以生存下去的能力，不至於一朝失業，手足無措。

3. 遠離讓自己陷入「隱形貧困」的朋友。

「物以類聚，人以群分」「近朱者赤，近墨者黑」的道理古今通用。遮罩或者刪掉朋友圈那些天天曬奢侈品，表演生活的「戲精」。從今天開始，從小事開始，每天比昨天做好一點，假以時日，結果會讓你驚喜。

一時的經濟「貧困」不可怕，可怕的是精神貧困，這樣會窮一

輩子。想改變，只有透過不斷學習提升自己的認知，坦然面對生活，量力而行，為自己的未來負責，這樣才有可能實現美好理想，過上自己想要的生活。

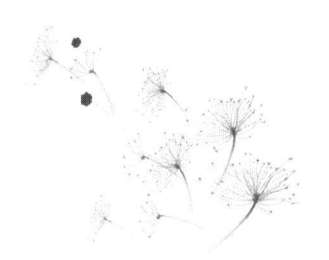

好的人生，
都有點兒「不靠譜」

週末逛街的時候，我遇到朋友陶子和她的妹妹。她妹妹剛從上海回來，身上散發著大都市女人的氣質，精緻幹練又不失溫婉。

我和陶子是一個茶藝班的同學，課餘聊天時，她說自己和妹妹的人生彷彿過反了：

陶子從小乖巧懂事，高中畢業時聽從父母的意見報考了金融專業，大學畢業又聽從父母的意見返回家鄉，進了機關單位，然後與父母介紹的男孩子戀愛、結婚、生子，日子過得四平八穩，無風無浪，只是每月工資要計算著花。

而陶子的妹妹從小學習不好，也不如陶子聽父母的話。大學畢業後，她不顧父母反對，留在了上海。這些年，妹妹打工、做微商、和人合夥開廣告策劃公司……不停折騰。如今，她成了一家上市公司的人力資源總監，在上海有車有房，令人羨慕。

妹妹這次回來，想請她去自己所在的公司做美編，她很糾結。我說：「你去吧，正好發揮你的繪畫特長，說不定過幾年你也成

功了！」

她卻趕緊搖頭說：「我都30多歲了，再辭職，太不靠譜了吧。」

想想也是，她現在辭職，自己要走出按部就班的舒適區不說，還要面對父母和周圍人的質疑：「都30多歲了，還折騰，太不靠譜了！」

的確，很多時候，靠譜，是對一個人的一種肯定。大多數人聽到別人評價自己「靠譜」，也是心懷喜悅的。因為靠譜的人生，意味著四平八穩，循規蹈矩，不會出錯。但這樣的生活也不會出彩！那些出彩的人生，都有點兒「不靠譜」。

我認識一位自創服裝品牌的女企業家，她的棉麻女裝銷售額已經過億。而且，她有一位高大帥氣的先生，還有一雙可愛的兒女。怎麼看，她都是令人羨慕的人生贏家。

然而，如果時光倒流十年，可能很多人都覺得她有點兒「不靠譜」。

大學畢業後，她入職家鄉銀行，生活輕鬆規律。但她覺得這樣的日子很無聊，於是利用業餘時間自學了平面設計，然後毅然決然從大西部辭職去了北京，做了專職平面設計師。幾年後，她成了一

家出版社的設計總監。

就在事業有成、未來可期的時候,她又辭職開起了淘寶店,自己設計服裝售賣。又過了幾年,她不顧身邊的家人和朋友反對,跟著先生去了南方,從頭開始,創立了自己的服裝品牌。

她說:「靠譜的意思是,你按照既定的曲譜去彈奏,彈出來的永遠是人家的歌;不靠譜的彈法才是自己的人生樂章。」

很多時候,我們一邊羨慕成功者的精采人生,一邊繼續過著循規蹈矩的日子,殊不知,大多數時候,人的資質沒有太大差異,只是思維模式的不同導致了不同的人生。正是不敢走出舒適區的「靠譜」思維,把我們框在了一個固定的圈子裡,無法擁有夢想的生活。

作家毛姆在《月亮和六便士》裡寫道:「我總覺得大多數人平穩度過一生好像欠缺點什麼。我承認這種生活的社會價值,我也看到了它井然有序的幸福,但在我的血液裡卻有一種強烈的願望,渴望一種更狂放不羈的旅途,因為我的心渴望一種更加驚險的生活。」

曾經有個女讀者給我留言,說令她厭倦的生活:6歲開始上小

學，22歲大學畢業後按照父母的要求考了事業編，然後結婚生子帶娃……如今32歲了，每天過著一眼到頭的日子。她常常羨慕那些不按套路出牌的人：辭職去環球旅行的，逃離大都市隱居到山野的，順著興趣開展第二職業、實現人生逆襲的……我說，你也可以試著去做一些自己嚮往已久的事啊，例如辭職，或者給自己放個長假，拍拍親子短視頻，說不定哪天也可以成為「網紅」，一邊帶娃一邊就把錢賺了呢。

她立刻回覆我：「不行不行，那太不靠譜了。」

想起一句話：大多數普通人，都毀於太靠譜。

靠譜是把雙刃劍，它能讓我們過得現世安穩，卻也少了一些驚喜和機遇。不靠譜在某種程度上意味著少有人行，但堅持下去，也許就可以獨闢蹊徑，擁有不一樣的人生。

很多時候，人們喜歡安逸穩定，即使穩定地窮著，也不喜歡去冒險，去改變。因此，在這個世界上，成功的人只是極少數有勇氣、有毅力、不怕改變的人。

對成功者來說，偶爾的「不靠譜」，也許就是火種。星星之火，也能燎原。

小時候，每個人都對未來充滿了幻想。而隨著年齡增長，人們

越來越懂事，越來越靠譜，漸漸地失去了對生活的激情。最後人們發現，靠譜的生活越來越無聊，卻很少有人有勇氣打破這種穩定，重新尋找夢想，並且還在不知不覺中，以過來人的姿態阻止別人的「不靠譜」。

十年前，我的單位裡來了一位外地考來的選調生。工作滿兩年後，他考了律師資格證，準備辭職去當律師。

那時候的律師，遠沒有今天的收入和地位。他的父母特地從老家趕來，極力勸阻，並且發動單位的同事一個一個去遊說。領導也出面，苦口婆心地告訴他選調生有很多考到省裡的機會，單位也會優先提拔他，辭掉公職去一個前途未知的行業太不靠譜了，讓他不要衝動，等等。

但是，他堅持要辭職，說自己之前的20多年活得太靠譜了，現在不想過這種毫無懸念、一眼看到頭的日子了，就想去闖一闖，哪怕頭破血流，也認了！

幾年前，因為有個親戚的一起案件需要請律師，我找到了他。那時候，他已經是省城知名律師事務所的合夥人，成熟又自信。

說起從前辭職的事情，他笑著問我：「是不是那時候，大家都覺得我有點不靠譜？」

我說：「你用事實證明了，好的人生在開始的時刻，都有點『不靠譜』。」

〰〰

　　當年齡漸長，我們會發現生活已經旋轉定格成某種狀態而無法改變，或者改變的代價太大了。這時，我們可以憑藉偶爾的「不靠譜」，為一成不變的日子製造一些驚喜，增添一些鮮活的回憶。

　　例如，培養一門「無用」的愛好，彈琴或者書法；和閨密來一場說走就走的旅行，去一直想去卻沒去的地方；去健身房練出馬甲線，讓人看不出自己的年齡；參加一個讀書會，認識一群原本在生活中不可能有交集的人；去遠方，只為看一場喜歡的演出……

　　這些偶爾的「不靠譜」，也許會成為自己精采生活的開始。

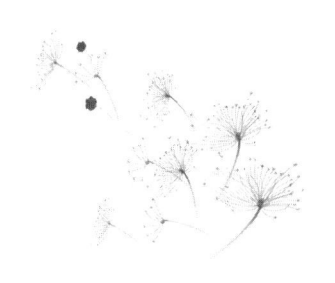

成年人的潛規則：
在高處時自律，
在低處時自癒

俗話說：「人往高處走，水往低處流。」為了抵達人生的高處，多少人胼手胝足，奮鬥不息。但是，沒有誰的一生會一帆風順，起起伏伏才是人生常態。

如何面對人生的高低起伏，是衡量一個人能否走得更遠的關鍵。**身處繁華中，能嚴於律己，保持謙卑；遭遇低谷時，不自暴自棄，努力自癒。這是成年人最好的人生姿態。**

中國人從古至今，嚮往的都是狀元及第，衣錦還鄉。每個人都想站到人生的至高處。因為身在高處，能享受到最好的社會資源，欣賞到一覽眾山小的無限風光。

但是，中國還有句古話：「高處不勝寒。」

位高權重的人，看到的都是逢迎和笑臉，往往得意忘形；大紅大紫的人，經歷的多是燈紅酒綠，常常失守底線；富甲一方的人，總想更上一層樓，但時刻面臨樓塌的危險⋯⋯

所以說，身處繁華，最重要的是自律，否則，隨時可能從高處

跌落。

多少個曾經星光熠熠、萬人矚目的明星光芒不再，消失在茫茫人海；多少個家喻戶曉的企業家，折戟沉沙，聲名狼藉；多少個落馬的官吏，曾位高權重，卻成為階下囚……

身在高處，放縱自己，做了欲望的奴隸，便毀掉了一生的前程。人往高處走雖然難，更難的是，怎樣在高處行端站穩。

人在高處時要時刻自省，檢視自己心中的底線，避免因為得意而放鬆警惕，貪慕虛榮而墮落沉淪。唯有嚴格自律，時刻保持清醒、謙遜的態度，守住做人做事的底線，才能長盛不衰。

據《左傳》記載，春秋時期，宋國有位上卿叫正考父。他博學多才，文武雙全，先後三代國君任命他為上卿。第一次被任命為上卿的時候，他彎腰受命；第二次，他鞠躬受命；第三次，他俯身跪地受命。

他平時謙恭謹慎，生怕他人說自己傲慢，走路都靠著路邊。他生活簡樸，只要有粥糊口，就很滿足。

他身處高位，一直得勢，但絲毫不張狂，始終保持謙恭謹慎的態度，所以，他輔佐了三代君主，官品、人品為歷代人稱頌。正所謂「地低成海，人低成王」。

有這麼一個故事：

有一隻小猴子受傷了，把傷口給別人看。別人看了，都表示關心。於是，一有人來，小猴子就把傷口扒給對方看，以為可以得到對方的幫助。結果，人們在表示同情後，就像什麼事都沒發生過一樣，都繼續忙自己的事情去了。小猴子一次次扒開傷口給別人看，導致傷口潰爛，最後死掉了。

每個人的一生，都會經歷一段甚至多段人生的至暗時光，那是一條條漫長、魆黑、陰冷、令人絕望的隧道。
但是，沒有人感同身受，也沒人真正能幫你，只有獨自熬過困境自癒。

我認識一位女企業家，家產過億，說起話來輕聲細語，一臉歲月靜好。
我看她整天笑嘻嘻的，覺得她肯定順風順水，沒經歷過什麼難事。
她說，其實她經歷的，比任何小說、電視劇裡的情節都更驚心動魄：一出生就被父母送人，大學勤工儉學，工作三年後失業，最窮的時候，卡裡只有十幾塊錢⋯⋯
我說，從來沒聽你說過呢。
她說，說出來有什麼用，有傾訴的時間，不如用來做點什麼。

如果你哭,只能一個人哭,沒人在意你的感受,只有慢慢強大起來,笑看世界,世界才會陪著你笑。

但是,很多人不明白這個道理。

他們在生活中經歷了一些挫折和失敗,便滿身戾氣,抱怨不公,發洩對社會的不滿,卻從沒想過努力去打敗困難。於是,在生活的泥潭裡,越陷越深。

人生沒有一帆風順,起起落落是常態,深陷低谷時,請不要灰心,也不必逢人便說,只要步履不停,終會走到山頂。

歲月不會虧待任何人,耐心蟄伏,學會療癒自己,人生終會柳暗花明。

～

多年前,春節晚會上演了一個小品:

趙本山和高秀敏扮演的一對夫妻,為了繼續承包魚塘,去給范偉扮演的鄉長送禮。

兩人先是對范偉說了一大堆好話,最後,終於說明來意。不料,范偉說,自己已經不做鄉長了。

兩人一聽范偉「下來了」,態度立刻180度大轉彎,高秀敏更是直接叫起了范偉的小名「三胖子」,並開始數落范偉的種種不是。

後來,得知范偉是升任縣長,趙本山嚇得從炕上掉下來,兩人

的態度又變得唯唯諾諾。

小品有些誇張,但反映的是現實。生活中,也經常能體會到人走茶涼的世態,看得到「窮在鬧市無人問,富在深山有遠親」的悲喜。每個人都可能在一生中,成為這些故事的主角,嚐盡人生百味。

人生如此,人性如此,我們能做的,就是在高處時,養大格局,見天地眾生,低處時,不卑不亢,笑對人生。高處與低處、順境與逆境,都是人生必經的生命狀態。
在高處時不飄,才能走穩;在低處時不懟,才能自癒。

Part Five

世上沒有毫無理由的橫空出世

很多人成功，
並不是因為智力超群，
而是因為咬緊牙關，數十年如一日地努力堅持。

我們不必羨慕別人的轟轟烈烈、繁花似錦，
傳奇是別人的，生活是自己的。
只要你拚盡全力，步履不停，活出自己的故事，
這一生，就是圓滿的。

所有的優秀，
都從孤獨開始

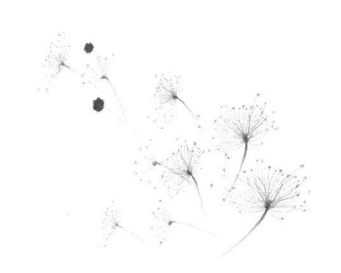

有一天晚上，一位文友在微信裡對我說：「蘇姐姐，我忽然沒有朋友了，一個也沒有。」

她給我的印象一直是俏皮活潑，與誰都合得來。

一問之下才知道，前幾天她寫了一篇爆文，一下子漲粉一萬多。她興高采烈地在文友群裡跟大家報喜，卻應者寥寥。而且，隨後的幾天，無論她在群裡說什麼，都沒人搭話。

她被集體孤立了。

她又轉身告訴最好的同學。沒想到，對方淡淡地來了一句：「現在的網路雞湯文太多，我從來不看。」

她說：「忽然感到了前所未有的孤獨。」

我說：「恭喜你。因為，這是你變得更加優秀的開始。」

詩人汪國真曾說過：「孤獨若不是由於內向，便往往是由於卓絕。」電影《三傻大鬧寶萊塢》中有一句對白：「你的朋友不及格，你感覺很糟；你的朋友考第一，你感覺更糟。」

見不得別人好，尤其是見不得身邊的人比自己好，是一些人的通病。越平庸的人，病得越重。

想要遠離平庸，抵達優秀，就要經歷一段孤獨的時光。

我認識一位考研指導老師，最近幾年特別火，除了她講課特別好，吸引大家的，還有她的個人經歷。

她出身農村，大學讀的是師範學院——一個名不見經傳的二本學校，學的是英語。如果不出意外，她會和大多數同學一樣，畢業後回當地做一名老師，度過平凡的一生。

但是，她覺得那樣的人生沒什麼意思，就決定考研，而且，報考的是清華大學。

於是，她成了全校的一個笑話：「哈哈哈，劉曉豔要考清華，她瘋了吧。」

那時候，無論她出現在哪裡，甚至在她走路的時候，都有人在她的背後指指點點。

她成了一座孤島。

但是，在一片嘲笑聲中，她堅持每天早晨5點起床，在昏黃的路燈下學習，每天晚上在圖書館學到11點半才回宿舍。嚴寒酷暑，風雨無阻。

最終，她以超過清華大學碩士錄取線40分的好成績，邁進了清華園，把眾人眼中的笑話變成了「奇蹟」。

她說，任何時候，都不要為了合群，為了不孤獨，就放棄自我。所有優秀的人，在實現夢想的路途中，總會經歷一些孤獨時光。

當你內心孤獨時，不要徬徨猶豫，堅持住，熬過這段一個人的時光，迎接你的就是人生的柳暗花明。

～～

生活中，我們如果用心觀察，就會發現，那些真正擁有思考能力的人，不會一味活在別人的眼光裡。

他們大多不喜歡浮誇的社交，而是更在乎自己的內心，堅持做自己的事情，從而主動選擇了孤獨。

木心先生，作為中國現當代文學史上的傳奇人物，也是一個孤獨的人。

1950年，23歲的木心被杭州第一高中聘為教師。學校給他的待遇相當不錯，房間很大，後門一開就是游泳池，學生們也非常愛戴他。

但是沒多久，木心就辭職了。

因為他覺得「現在的生活雖好，但這是常人的生活，溫暖、安定、豐富，於我的藝術有害，我不要，我要淒清、孤獨、單調的生活。藝術是要有所犧牲的。如果你以藝術決定一生，就不能像普通

人那樣生活了」。

辭職後，他躲進了莫干山，專心讀書寫文、練字作畫。

那時候，山上人煙荒涼，罕有人至。很多人都覺得像木心這樣的富家公子，肯定耐不住山裡的寂寞，很快就下山了。然而，他卻在山中過了六年隱居生活。

期間，他寫下若干中短篇，積攢下十來本厚厚的文學手稿，為後來的文學創作打下深厚的基礎。

有大成就的人，往往是自覺選擇孤獨的人。

梭羅獨自在瓦爾登湖邊生活了兩年，與世隔絕，才寫出了名垂青史的《湖濱散記》；錢鍾書和楊絳先生拒絕一切不必要的交際，躲在家裡醉心讀書寫作，錢鍾書寫出了《圍城》，被譽為當代的《儒林外史》，楊絳先生翻譯的《堂吉訶德》發行百萬冊，是迄今為止最好的翻譯版本。

莊子說：「獨往獨來，是謂獨有；獨有之人，是謂至貴。」當一個人能獨來獨往而自得其樂，便是優秀的開始。

～～～

有人說：「越長大越孤獨，越來越害怕獨處。」

其實，當一個人越來越優秀，內心世界變得更加豐富以後，獨

處就會變成一種享受。

知乎上有個問答,問題是:「優秀的人真的是孤獨的嗎?」

有個回答我特別贊同:「優秀的人才不孤獨。優秀的人要麼被眾人景仰,要麼在自己的專業領域浸淫歡樂。」

在別人眼裡,也許他是特立獨行的,是孤獨的,其實,他正在享受這種孤獨帶來的快樂。

和朋友去海底撈吃火鍋的時候,看到一個獨自吃火鍋的女孩,二十幾歲的樣子。店員見她一個人,準備在她的對面放一個玩具熊。

女孩笑著說:「謝謝,不用啊。」

朋友說:「這女孩不一般啊,在鬧市裡享受孤獨。」

後來,女孩接了個電話。我們聽到女孩和朋友說,她收到了幾個學校的錄取通知書,在糾結去澳大利亞還是英國。

我們眼裡那些特立獨行,看起來不合群、有點孤獨的人,其實,都在享受自己的人生。

開始的時候,也許孤獨會讓人難過,但是等成長到一定程度,當一個人越來越優秀,孤獨,就變成了一種享受。它可以讓人躲開毫無意義的喧囂,心無旁騖地完善自己,享受內心的豐盈。

哲學家叔本華說:「只有當一個人獨處的時候,他才可以完全

成為他自己。」

生命中所有的晦暗,都與孤獨有染;而所有的燦爛,也都要孤獨來迎接。只有駕馭得了孤獨,享受孤獨,才是自己生命的王者。願每個人都在孤獨中沉澱昇華,漸漸抵達人生的圓滿。

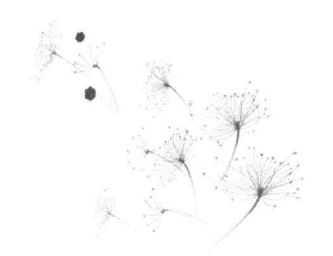

你不必羨慕別人，
只要自己步履不停

　　我曾經在一個讀書會上，遇到了一位女子。她40歲左右，梳著簡單的髮髻，穿著墨綠色長裙，臉上帶著淡淡的笑，清秀淡雅，如四月的好天氣。

　　我們漸漸成了無話不談的朋友，我知道了她的故事。

　　20歲，嫁給青梅竹馬的戀人，一起創業；日子風生水起的時候，婚姻卻亮起了紅燈。

　　面對突如其來的變故，她沒有喋喋不休地抱怨，也沒有隨波逐流，從起訴到離婚只用了兩個月時間。

　　離婚後，她一個人帶著4歲的女兒，一邊開菜店，一邊讀書、寫作。

　　那時候，她的兩隻手冬天裡滿是凍傷；為了進貨，每天早上4點就起床，和一群大男人擠在漆黑的早市裡討價還價；一天只能睡四五個小時，嚴重的睡眠不足導致她好幾次將電動三輪車開進溝

裡；一雙旅遊鞋，春夏秋冬她連穿了6年。

十多年過去了，她一路掙扎著從泥濘不堪的過往裡掙脫出來，如今，已經是三家咖啡店的老闆，也建立了新的家庭，日子過得幸福安穩。

在這個世界上，所有令人羨慕的成功背後，都有不為人知的艱辛與磨礪。

電影《中國合夥人》裡有這樣一段話：「成功路上最心酸的是要耐得住寂寞、熬得住孤獨。總有那麼一段路是你一個人在走，也許這個過程要持續很久，但如果你挺過去了，最後的成功就屬於你。」

～

村上春樹年輕時是一家小店的老闆，這家店白天是咖啡館，晚上是酒吧，每天營業到凌晨，非常辛苦。30歲這年，他萌生了寫作的念頭，從此一發不可收拾。

經營小店耗費了他大部分時間和精力，每天凌晨酒吧打烊後，他就坐在廚房的餐桌旁開始寫，經常是直到天亮才小睡一會兒。

半個月後，他寫出了處女作《且聽風吟》。

再後來，他關掉了酒吧專心寫作，每天的寫作時間超過10個小時，成了舉世聞名的作家。

每個人都曾心懷夢想，渴望成為人群中閃閃發光的那一個，但一路走來，站在同一起跑線上的人，差距卻越來越大。因為在這個世界上，讓人變好的事情都不容易，要吃苦，要有毅力，要披荊斬棘。於是，很多人半途而廢。

　　吃不起學習的苦，只能看著身邊的同學考研讀博，一路高歌猛進，和自己的差距越來越大。

　　工作後，一邊瞧不起眼前的苟且，總覺得「像我這樣優秀的人，本該燦爛過一生」，一邊渾渾噩噩，不想費力提升自我，於是消極應付，漸漸失去競爭力。

　　人生，是個不斷層層篩選的過程，用考試篩掉成績差的人，用工作篩掉能力差的人，用圈層篩掉人際關係差的人。

　　很多時候，人的一生會經歷什麼，都是自己選擇的結果。哲學家培根說：「命運往往是人自己造成的，每個人都是自身的設計師。」

　　只要一個人盡了自己最大的努力，哪怕最終還是個普通人，只要有事情做，有人愛，有所期待，就是幸福的人生。

〜

　　很多時候，人們習慣去羨慕那些在聚光燈下閃閃發光的人生。其實，每個人都有自己的人生軌跡和高光時刻，只要你開始往前走，步履不停。

有人22歲就畢業了，但5年後才找到合適的工作；也有人上學到25歲，但一畢業就進了大公司。有人年少得志，有人大器晚成，不必羨慕別人，也不必慌張，按照自己的節奏往前走就好。

我上個月去濟南，和幾位大學同學小聚。辰東姍姍來遲，說是去加拿大出差了，剛下飛機就直接趕過來，還給大家都帶了小禮物。

同學們開玩笑說：「生意都做到國外去了，越做越大了。」

辰東笑著說：「我是給自己打工，混口飯吃罷了。」

大學畢業後，辰東回到老家鄉鎮進了一家普通單位。後來的畢業十年聚會，他沒參加，說是基層事情太多，請不了假。但是大家知道，他是覺得沒面子。因為工作十年後，不少同學已經小有成就。而辰東，仍是一個小辦事員，並且結婚又離婚，自己帶著一個女兒，日子過得很辛苦。

畢業15年聚會，他依然沒來，說是辭職做企業，剛起步，抽不開身。如今，他已經做成了跨國企業，在全省都小有名氣。

他說，開始確實覺得自卑，一個學校剛畢業的都比自己幹得好，越想越焦慮。後來辭職做企業，開始幾年，基本賺不到錢，頭髮大把大把地掉，人也瘦了十多斤。

直到有一天，他看到一首詩裡的幾句話：

人生中的每一件事都取決於我們自己的時間，
你身邊的朋友也許遙遙領先於你，
也許有些落後於你，
但凡事都有它自己的節奏，
他們有他們的節奏，
你有你自己的，
耐心一點，
餘生漫長，莫要慌張。

辰東說，那一刻，他醍醐灌頂。也是從那時候起，他不再比較，不再焦慮，而是踏踏實實地做好手頭的事，慢慢地，企業有了起色。

每個人都是一顆種子，只是花期不同，有人開得早些，有人開得遲些。而如果不開花，就努力做一棵小草，春風吹又生。

生活中，踏實努力的普通人都值得尊敬。

我們單位曾經招聘來一個大學生。其實，那一年他考上了研究生，導師是國內有名的專家，但是，他最終放棄了。我問他為什麼放棄讀研，那是多少人夢寐以求的事情。

他告訴我，家裡還有一個面臨高考的弟弟，父親又恰巧在下礦

井時受傷,臥病在床,他不想母親那麼辛苦,他參加工作,可以減輕家裡的負擔,供弟弟念大學。

他工作很努力,也依舊堅持學習。幾年後,他參加了公務員遴選考試,去了省城組織部門。有一次我去省城,見到帶著妻子和孩子的他,一臉的篤定自信。他說,他已經讀完了在職研究生,終於圓了自己的一個夢。

對於沒有天賦、缺少資源的普通人來說,選擇最適合自己的成長道路,或者擁有一技之長,給家人撐起一片天,就是成功。

我們不必羨慕別人的轟轟烈烈、繁花似錦,傳奇是別人的,人生是自己的,只要你拚盡全力,步履不停,活出自己的故事,這一生,就是圓滿的。

做對四件事，
活出好人生

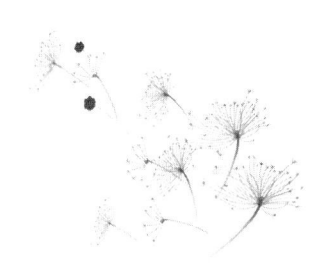

　　剛剛踏入社會的時候，每個人都對自己的未來充滿了期待，但是，走著走著，就會忽然發現世界不是自己想像的模樣。

　　起點的差距、世事的無常、人心的險惡，像一道道溝壑，橫亙在追夢的路上。

　　我們終其一生，或許也只是個普通人。於是，失去了前行的動力。

　　我也曾深感迷茫，直到某天，看到作家馬德說的這段話：「這個世界上的好多事，我們都左右不了⋯⋯但有一樣我們是可以掌握的，那就是自己的活法。」

　　人生快不快樂，幸不幸福，不在於你有多少錢，在什麼位置上，而在於你怎麼活著。我們傾盡一生，步履不停的意義，是為了活出最好的自己，不負此生。

　　做對了下面這四件事，你的人生一定不會差。

拎得清

曾經有一則「北大博士擬錄用為北京某街道城管崗」的新聞登上熱搜榜,引發了網友熱議。

有人覺得博士做城管,太可惜;有人認為「這職業穩定,沒毛病」;也有人揣測,這位博士也許只是為了拿到北京戶口才應聘這份工作,以後可能還有更高的追求……

無論大家怎麼看,這位名牌大學的博士肯定是對自己的人生做了反覆衡量之後,才做出這樣的選擇。

抵達幸福的路徑本就千差萬別,人生是一場求仁得仁的旅程。想做雄鷹的,去翱翔天空;想做游魚的,就悠然於水底;渴望生如煙花的,為了一瞬間的燦爛賭上一生。

好的人生,不過是選擇自己能承擔的,承擔自己所選擇的。簡單地說,就是「拎得清」。

上個月,一位在互聯網大廠工作的同學大周失業了。

當初,他以縣第一名的成績考取了一流名校的本碩連讀,畢業後,順利入職互聯網大廠,趕上了互聯網企業的紅利時代。他在大城市結婚生子,有了大房子和一雙聰明的兒女。多年來,他一直是同學們羨慕的榜樣。

見他倏然下崗,同學群裡炸開了鍋,同學們的心態不同,觀點各異。有人回憶起當初大周是有機會進體制內單位工作的,但是他選擇了放棄,就嘆息一句:「早知如此,還不如進體制內單位呢。」

大周感謝了大家的關心,表示:這些年,在大平台工作,他見識到了不一樣的人生風景,也見證了自己的潛力和可能。既然選擇了闖蕩打拚,就要承擔跌宕起伏的人生,自己不後悔。雖然暫時困難,但很快會重新出發,請大家放心。

世上沒有完美的職業,也沒有一帆風順的人生。沒有誰的人生值得所有人羨慕,也沒有誰的人生就該被眾人鄙視。

路遙在他的書中寫道:「人生,其實無非是矛盾與選擇的綜合體,無關對錯,僅僅在於我們能否有勇氣在矛盾中做出選擇並勇敢承擔一切後果。」

自己拎得清,就好。

豁得出

日本作家伊阪幸太郎在《金色夢鄉》裡有段經典對白：
「你知道人類最大的武器是什麼嗎？」
「是豁出去的決心。」

豁得出去，不怕吃苦，不怕受累，不怕跌倒，這樣的人，無論經過多少柳暗花明，終能走到人生的豐饒之地。

曾國藩曾對兒子說：「能吃天下第一等苦，乃能做天下第一等人。」一個人，只有吃得了苦，經得起打磨，才有安身立命的資本。

一位朋友，年少時不愛讀書，初中畢業後進了當地一所技校，學的是車工。畢業後，分配到老家唯一的機械廠，做了車間工人，每天在機器的雜訊和飛揚的金屬屑中，從早幹到晚。

半年後，廠裡進了一台新車床，恰巧會安裝的老技工病故，廠裡無人能安裝。他自告奮勇，用了半個月時間，披星戴月，邊學邊幹，竟然把這台車床裝好了。廠長在大會上表揚了他，工友們羨慕不已，他第一次體會到了受人尊重的感覺。

從那以後，他決定換一種活法。

每天下班後，他不再跟工友們喝酒打牌，開始自學專業知識；兩年後，拿到了大專文憑；不久，升為車間主任；又有三年過去

了,他自學完成了本科學業,成為廠裡唯一的大學生。

那幾年,他謝絕了一切社交活動,工資幾乎都用在了買資料和報學習班上,連妻子都說他「學傻了」。

他的能力和為人漸漸被大家認可,前些年單位改制,他成了董事長。

他說:「那些年,最苦的不是窮,而是不被周圍人理解,甚至嘲諷、打壓。」

一個人想要變得更好,活得更好,就得有脫層皮的決心,耐得住寂寞,受得了孤獨。

日本「經營之聖」稻盛和夫說:「吃苦不是窮,而是一個人長時間為了某個目標而聚焦的能力。在這個過程中,放棄娛樂生活,放棄無效社交,放棄無意義的消費以及在過程中不被理解的孤獨。」

只要豁得出去,人生之路就會越來越寬闊平坦。

扛得住

昨天,我接到同學大周的電話,諮詢關於投資辦企業的一些手續和法律問題。他準備回老家開辦一家化工企業,因為他的老家是

石油產區。沒想到，他那麼快就從失業的打擊中恢復過來，找到了新的人生方向。

每個人都希望自己成為優秀的人，才華加身，命運垂青，最終成就一番事業。其實，我們實現人生目標的關鍵，是能扛事。

2022年5月3日，在長沙自建房倒塌事故中，被困地下88個小時的女孩小圓成功被消防人員救出。

倒塌發生時，小圓正躺在床上，瞬間隨著床的下落，她摔到樓下一個被傾斜的牆體撐起的狹小空間裡。此時，她的身邊只有半壺水、一床被子和電量並不滿格的手機。

在被困的近4天時間裡，為了自救，她每次只喝一小口水，冷的時候才把被子裹到身上，手機只留著看時間……並且，她始終堅定一個信念：一定會有人來救自己。

被救出時，她已經在陰暗潮濕的狹小空間裡困了88個小時，遠遠超出了72小時的黃金救援期，創造了屬於自己的「生命奇蹟」。

很多時候，災難會來得猝不及防，讓你的世界天翻地覆，重要的是，你能不能扛得住。

能扛事，不是毫無畏懼，而是在低谷與絕境中迎難而上，不輕言放棄。

《明朝那些事兒》裡有這樣一段話：「只有真正瞭解這個世界的醜陋與污濁，被現實打擊，被痛苦折磨，遍體鱗傷，無所遁形，

卻從未放棄對光明的追尋，依然微笑著，堅定前行的人，才是真正的勇者。」

面對生活的磨難，修煉出一顆強大的心，那些你走過的路、流過的汗、擦乾的淚，都會讓你成為獨一無二的人。
扛過去，你就贏了！

〰️

放得下

人這一生，往往執著於得到，得到財富、地位、朋友、愛人。得到時，歡欣鼓舞，而一旦失去，則寢食難安。

其實，人生有得到，就有失去。活得通透的人，都拿得起，放得下。

《在峽江的轉彎處》一書的作者陳行甲曾是「全國優秀縣委書記」。按照這個發展勢頭，他的未來一片光明。

但是，2017年5月，他發了一個朋友圈稱：「中場休整結束，下半場公益人生開始了。」他已辭去職務，投身公益事業。

很多人為他感到遺憾，也有人不解。對此，陳行甲在這本書中用一段話回應：「如果說人生好比爬山，上半場這座山，我已經到達了山頂，已經沒有遺憾。……人生下半場，我可以輕裝上陣去爬

另一座山了。」

把人生長河看遠，把個人名利看淡，許多問題就會迎刃而解。

魯迅先生曾說過：「拿得起是一種勇氣，放得下是一種豁達。」拿得起，放得下，才是人生贏家。

陶淵明放得下功名利祿，才有了「採菊東籬下」的悠然；蘇軾放得下挫折磨難，才有了「一蓑煙雨任平生」的灑脫；越王勾踐放得下被俘之辱，才有了「三千越甲可吞吳」的復國之路……

生活中，很多人往往對一些小的得失耿耿於懷，鬱鬱寡歡，不但影響了人際關係，甚至憂慮成疾，這真的得不償失。只有懂得放下，才能輕裝前行，見到更多的美好。

人這一生，到底是活成喜劇還是悲劇，並非取決於我們生活在怎樣的時代，而是取決於我們自己構建了一個怎樣的世界。拎得清，知道自己要什麼，就有目標；豁得出，捨得為夢想付出，就有成功的希望；扛得住，不懼人生的風霜刀劍，就能抵達成功；放得下，不被功名利祿牽絆，就能活出精采。

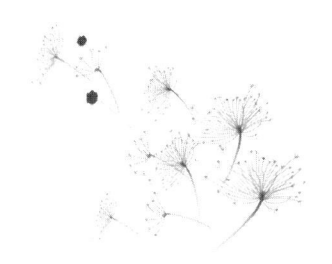

內心真正富足的人，
從不炫耀

　　剛參加工作的侄女在微信上告訴我，她們單位有一位40多歲的大姐特別愛炫耀：明明每月6000元錢薪水，總愛和同學朋友說自己月薪9000元；花幾百元錢買個高仿包，硬說是國外代購回來的；老家是農村的，卻常說父母都是退休幹部……

　　不等我回話，侄女發了個「糗大了」的表情，說今天這位大姐掉進她自己挖的坑裡了。原來，有一個上級檢查團來她們單位參觀，那位大姐穿了一件名牌風衣，意氣風發地走在大家前面，還和別人說她這件風衣很貴，卻不知什麼時候，風衣上的吊牌從衣角垂了下來，很多人看到了，她自己卻渾然不知。

　　後來侄女悄悄提醒她，她臉紅到脖根，趕緊跑到辦公室到處找別針——那件風衣，過後是要退回專櫃的。由此這位大姐的把戲，單位裡的人都知道了。

　　侄女問我，這位大姐這是什麼心態。

　　我說，因為她自卑。

我們在日常生活中經常看到各種各樣的炫耀：拍個方向盤照片，剛好露出LOGO（標誌），配上「唉，又堵車了」這句話發在朋友圈；買個名牌包，也要在朋友圈發一張照片；朋友聚會，三句話不到，就說自己昨天和某局長、某大老闆在一起喝茶了……

心理學家阿德勒在《自卑與超越》一書中寫道：「炫耀的本質就是自卑，因此喜歡過分炫耀的人，通常自卑感強烈。」炫耀行為是自卑心理的外在表現，自卑是炫耀的內部心理活動，它們是一對性格上有所區別的孿生兄弟。炫耀欲強的人，也是自卑感強的人，二者是成正比的。

〰〰

有這樣一個小笑話：

一天，一位20多歲的青年坐動車回家，鄰座是一位年齡相仿的小哥哥。

落座不久，小哥哥問青年：「你在哪個大學讀書？」

青年回答：「理工學院。」

小哥哥於是語帶自豪地說：「你高中要是再努力一點，就能跟我一樣考上×大（一所985院校）了。」

青年默默點頭，轉身看向窗外。

小哥哥又追問：「你是在哪個理工學院？」

青年淡淡回答：「麻省理工學院。」

小哥哥瞬間一臉尷尬。

雖然這只是個段子，不一定是真實的，但是，生活中類似的場景不少。炫耀的後果之一，就是被高手碾壓，自取其辱。

曾經有一個女兒考上了清華、媽媽卻被踢出同學群的新聞。這位媽媽有一個學習刻苦、成績好的女兒。這也是這位媽媽的社交圈中無人不知的事，因為她時刻不忘炫耀。她的女兒高考結束後，她參加了一場同學聚會。聚會上，這位媽媽全場都在炫娃，大家也都恭維稱讚。

同學聚會結束後，班長為了大家多聯繫，就建了一個班級群。但是大家都是成年人，平時工作生活也都繁忙，除非有重要的事情，很少在班級群中閒聊。

只有這位媽媽，每天都會在群中發資訊，沒人理她她就自言自語，有時發自己生活中的照片，更多的是曬女兒，曬女兒認真學習的照片，曬女兒的筆記……漸漸地，同學們連應付性地點讚都沒有了，假裝沒看見。

女兒收到清華大學的錄取通知書後，這位媽媽第一時間拍了錄取通知書的照片發到群裡，還配了一句：「清華大學錄取通知書，就是大氣！」隨後不久，她發現自己被班長群主踢出了群。而班長的這一舉動，得到了其他同學的一致支持。

愛炫耀的人總是喜歡向「不如自己」的人炫耀，以顯示自己的優越感，並透過別人的「羨慕」來獲得「滿足感」。豈不知，炫耀的同時，自己的無知與狹隘也暴露無遺。

作家亦舒有句話說得好:「內心真正富足的人,從不炫耀擁有的一切,她從不告訴別人自己讀過什麼書,開過什麼車,去過什麼地方,有多少件衣裳,買過什麼珠寶,因為她沒有自卑感。」

見過世面的人,知道世界之大,人外有人,會越發懂得一個人的渺小,心存敬畏,所以看起來謙遜溫和。

「雜交水稻之父」袁隆平一生簡樸低調,花在衣服上的錢,甚至不如普通人多。

在一次採訪中,主持人王志問他:「您這衣服多少錢?」袁隆平先生回答:「35塊。」

王志有點不敢相信地問:「真的還是假的?」袁隆平笑著說:「真的。還有一件比這件漂亮一點,也是35塊,海南島買的。」

與此對應的是,他的雜交水稻品牌估值超過一千億元。

越是厲害的人,往往越低調;越是沒啥本事的人,越擔心被輕看,所以不停炫耀。

俗話說得好:「缺什麼,才炫什麼。」缺錢的人,喜歡裝大款;官位低的人,喜歡擺架子。而內心真正富足的人,什麼都不炫。

楊絳先生一生生活簡樸。

隨著社會的發展，人們的房子越來越大，裝修越來越精美，而她40多年來一直住在一間80多平方米的舊房子裡，還是水泥地面，除了滿屋的書籍，別無長物。

楊絳先生的丈夫錢鍾書離世後，她把夫婦二人的稿費全部捐贈給了母校清華大學，設立「好讀書」獎學金。到2016年，105歲的楊絳先生去世前，該獎學金已成立15年，捐贈金額累計近2000萬元。

楊絳說過：「我們曾如此渴望命運的波瀾，到最後才發現，人生最曼妙的風景，竟是內心的淡定與從容。我們曾如此期盼外界的認可，到最後才知道，世界是自己的，與他人毫無關係。」這種素與簡，才是最牛、最高貴的「炫耀」。

其實，人生在世，除了最基本的生活需求，其餘都是身外之物。真正有學識、有涵養的人，從不炫耀。

1845年，美國學者梭羅只帶了一把斧頭，在瓦爾登湖邊建了一間小木屋，獨居了2年零2個月，悟出人生的真諦：「 個人，只要滿足了基本生活所需，不再戚戚於聲名，不再汲汲於富貴，便可以更從容、更充實地享受人生。」

一個人，放下得越多，越富有。不炫耀，自有光。

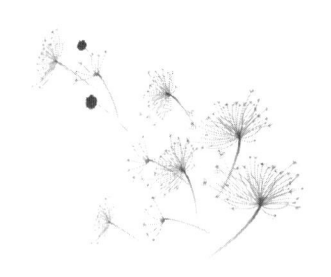

所有的成熟，
都是從失去開始

我們每個人都曾有過無憂無慮的歲月。你還記得自己是什麼時候忽然懂事，變得越來越成熟的嗎？

每個人的答案都不一樣，但有一點是相同的：沒人會自然地成熟，所有的成熟，都是被生活經歷催熟的，都建立在失去一些東西的基礎上。

有句話說得好：「所有的成熟，都是從失去開始。」

豐子愷先生曾寫過大女兒阿寶的故事：

有一天，他從上海回到家，照例給孩子們每人分了一包巧克力。孩子們雀躍著去吃各自手中的巧克力了，只有十多歲的大女兒阿寶沒有立刻去吃。

過了幾天，豐子愷偶然看到阿寶正拆開自己那包巧克力，分給弟弟妹妹們。而以前，阿寶也是和弟弟妹妹們一起，興高采烈地打賭看誰最後吃完。

那一刻，豐子愷知道，阿寶無憂無慮的童年已經結束了，她已

經懂得了克制自己,照顧弟弟妹妹們。

他又欣慰又心酸,感嘆道:「你的黃金時代快要度盡,現實漸漸暴露,你將停止你的美麗的夢,而開始生活的奮鬥了。」

十幾歲的阿寶從父母的言談話語中,得知了父親為一家生計奔波的不易,開始瞭解生活的疾苦,並用自己的方式為父母分憂。

也許每個人,都有這樣一個時刻:

某一天,看到滿身疲憊還在努力撐著工作的父親;某一次,看到母親為幾毛錢和菜販子爭論;或者,看到為了幫助自己湊首付買房,父母的滄桑……

那一刻,我們失去了往日的輕鬆快樂,感受到了生活的沉重,暗暗下決心,要活出個樣子來,替父母分憂,為父母爭光。

當父母不再能庇佑自己,沒了指望,人便瞬間成熟,要自己努力頂起一片天。失去了無憂無慮的生活,卻獲得了撐起人生的勇氣和力量,這是成熟的第一步。

踏入社會,便踏上了如同《西遊記》裡取經之路的旅程。

一開始,我們意氣風發,滿懷激情,以為只要肯努力,就可以得到自己想要的一切。但很快,生活的耳光就會打在臉上。

上個月，在大學工作的表妹打算辭職，被我勸住了。

起因是單位裡評職稱，本以為頂著海歸博士、年年優秀教師的光環，再有優秀論文加身，怎麼也能殺進前三，成為助教，甚至有同事提前祝賀她。然而，結果出來，她卻以第四名惜敗。

表妹憤憤不平，我告訴她：「職場就是這樣，以為手到擒來的東西，卻可能失之交臂。不用憤怒，也不要拂袖而去，因為到哪裡，都是江湖，沒有兩樣。」

有些失去，是成熟的必經之路。反省一下自己哪裡做得不夠好，為下一次做好準備才是正道。

表妹說：「我平時不喜歡見了誰都笑咪咪的，也不喜歡跟領導打交道，可能大家覺得我有點清高孤傲。」

我告訴她，一個人要想走得遠，僅有能力和幹勁是遠遠不夠的。

年輕人初入職場，往往把自己的才華、能力看得很重，覺得只要自己踏實肯幹出成績，就該得到提拔和晉升。

其實不然。很多時候，一個人往前走，除了能力這一基本條件，還要看待人接物、處理突發情況以及團隊合作意識等條件，當然，也包括面對失敗時的心態調整能力。

作家曹又方說過：「所謂成長，就是去接受任何在生命中發生的狀況，即使是不幸的，不好的，也要去面對它，解決它，使傷害減至最低。」

失去了一次機遇，遭遇一回不公平對待，卻看清了社會的真相。不情緒化，不逃避問題，而是冷靜地解決問題，這是一個人開始成熟的第二步。

～

半年前，我曾接到前同事小武的電話。

他先是抱歉這麼久沒聯繫，又問我最近工作怎麼樣。

繞了大半天，才說明來意：他的女兒今年小升初，因為學區問題，不能上市里的重點中學。而我的大學同學恰好是這個中學的教務主任，他想請我幫忙通融一下。

我答應幫他試試後，他連聲稱謝。

想起以前他離職，就是因為看不慣單位裡的不公和一些人的溜鬚逢迎，去做了律師。

我打電話問了同學，其實，作為奧林匹克數學競賽的獲獎學生，他的女兒可以特招入學。

事成之後，我們一起吃飯。

席間，他倒茶敬酒，言語殷勤，謙卑得讓我心酸。

那個一臉倔強、桀驁不馴的少年，活成了他自己曾經不屑的模樣。

因為，他已經不是一個人，而是妻子的丈夫、女兒的父親，不

能再做孤膽英雄。

想起一位作者說過的一段話:「突然明白,我們這個年齡的人,認慫是他,清高也是他;赴湯蹈火的是他,膽小怕事的也是他;流淚的英雄是他,在街邊痛哭流涕的懦夫也是他。是太多的歲月痕跡包漿成現有的樣子,也是太多的現實雕刻了自己。」

明明心懷高潔,卻甘心俯身妥協,看起來是失去了堅守,其實,是更有勇氣和擔當了。這是成熟的第三步。

～

看地圖的時候,我們會發現一個有趣的現象:所有的河流都呈彎彎曲曲的曲線模樣。

這是因為河流在前進的過程中會遇到各種各樣的障礙,而有些障礙是無法逾越的。所以,它只能繞道而行,避開那一道道障礙,才能最終抵達大海的懷抱。

反觀我們的人生,也是如此。

曾國藩是清代名臣,他在學問和功業方面的成就備受後世推崇,甚至被稱為「聖人」。其實,聖人都不是天生的。

太平天國起事後,42歲的曾國藩在長沙奉旨辦團練,組建了湘軍。因看不慣當時綠營八旗子弟腐化墮落,便以霹靂手段來重構政

治生態,嚴懲了一批懈怠散漫的八旗兵,於是得罪了把持長沙城的八旗官兵。

一次,曾國藩打算嚴懲8名八旗兵,整肅軍紀,結果,被整個綠營八旗兵圍困在府衙,只能從後門逃走,去求助八旗官員。

後來,乾脆惹不起,躲得起,離開長沙去了衡陽,專心操練湘軍。最終,衡陽成了曾國藩後來事業的起點。

沒有誰的一生一帆風順,每個人的一生,都要走很多彎路。

很多時候,成功是在直中取,但有時候,卻要曲中求。

當我們遇到坎坷、挫折、失敗的時候,不要悲觀失望、長吁短歎、停滯不前。把這些磨難當成人生的常態,就像那些不斷拐彎的河流一樣,繞道而行,另闢蹊徑,最終一定能抵達成功的終點。

看清楚一生要走很多彎路,但是,不逃避,不退縮,不放棄,始終朝著夢想的方向前進,直到面朝大海,春暖花開,這是成熟的最高境界。

人生是一個不斷失去,又不斷得到的過程。在這個得失反覆的過程中,我們也一步步走向成熟。這種成熟,是經過審視的智慧與圓融,而不是複雜與放棄。

正如作家三毛所說:「成熟不是為了走向複雜,而是為了抵達天真。」

希望歷經生活的考驗,我們活得越來越通透純粹,擁有「看山還是山,看水還是水」的智慧。

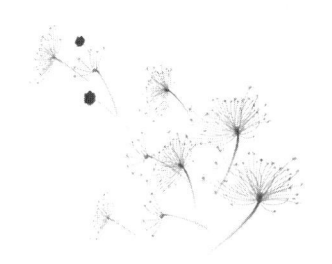

活得好的女人，
都有這幾個特點

~

有人說，中年是個分水嶺，稍不注意就會活得很尷尬。但是，越來越多的中年女人，不僅沒有「尷尬」，反而越活越精采。

這些精采的女子各有所長，大致可以歸納為以下幾點。具備其中一點，就不虛此生。

~

不給自己的人生設限

80多歲的人是什麼樣子？人們大概都會想到滿頭白髮、步履蹣跚的爺爺奶奶。但是，一位82歲的老奶奶卻駕駛泰克南P2010飛機，直衝雲霄。這位「硬核奶奶」就是苗曉紅，中華人民共和國第二代女飛行員，時隔30年後重返藍天。

原來，苗奶奶在查資料的時候偶然發現，國外很多飛行員八九十歲還在飛行，這給她帶來了莫大的震撼。

「國外的飛行員能飛,為什麼中國的飛行員不能飛?」她動了自己也要重新起飛的念頭,而且得到了家人的支持。

因為雙腿曾經受過傷,為了完成飛行任務,兩個月的時間裡,苗奶奶一直在進行鍛鍊。除了模擬飛機操作,她說:「每天要走三千步,同時還要活動手臂,以適應高空飛行的要求。」

2019年5月28日,苗曉紅時隔30年後重新坐到駕駛艙內,在教練員的陪同下,完成了長達40分鐘的飛行,其中還獨力完成了拐彎、爬高、下滑等操作。

「硬核奶奶」用實際行動證實了生命的無限可能。很多時候,不是我們做不到,而是我們認為自己做不到。

記得大學第一次上瑜伽課的時候,我跟室友糯米是班上出了名的「硬骨頭」,很多簡單的瑜伽動作都做不標準。我們看著別人柔軟的身姿和優雅的動作,再反觀自己連腳趾都摸不到的窘態,非常喪氣。

下課後,我說:「我這樣的體質不適合做瑜伽,練了也沒用。」糯米卻說要再試一下。接下來,除了按時參加瑜伽課,一有時間,她就練習瑜伽動作。一個學期下來,她竟然成了瑜伽隊隊長!

天生沒有四肢,後來卻成為著名演講家的尼克・胡哲說:「錯的不是我的身體,而是我對自己人生的設限,因而限制了我的視

野，看不到生命的種種可能。」

不給自己設限，人生才有更多的精采。

～

人生沒有「來不及」

生活中，我們經常聽到有人說：

「哎呀，我已經30多歲了，學什麼都晚了。」

「我都40歲了，還折騰什麼？」

「我都快退休了，認命吧。」

⋯⋯

有句話說得好：「種樹最好的時間是10年前，其次是現在。」

摩西奶奶76歲時開始學習繪畫，80歲在紐約舉辦個人畫展，一舉轟動世界。她向我們證明，沒有什麼是來不及的。她說：「做你喜歡做的事，上帝會高興地幫你打開成功之門，哪怕你現在已經80歲了。」

日本「網紅奶奶」西本喜美子也從來不以年齡為藉口。72歲的她偶然間聽到兒子的攝影課，便對攝影產生了極大的興趣。從那時起，她便與攝影為伴，扛著長槍短炮，拍花、拍草、拍自己。

兩年後，她又學會了用電腦修圖，開始鑽研數位藝術。利用學到的技術，她一會兒把自己修成騎著掃把、身披黑斗篷的女巫；一會兒把自己修成街頭飆車的「酷女孩」；還偶爾惡作劇，把老伴兒綁到椅子上，拍一張搞笑照片……

89歲那年，她舉辦了自己的個人攝影展，還連續兩年被大名鼎鼎的Adobe數位媒體公司選為「新年賀卡藝術總監」。

你看，人生哪有什麼來不及，怕的是你從不開始。

年齡從來都不是隨波逐流的理由，不要用「來不及」當作你不作為的藉口。

能享受最好的，也能承受最壞的

我的一位親戚年少得志，從默默無聞的底層員工成為公司高管，年薪幾十萬。30歲那一年，她成功地在一線大城市站穩了腳跟，有房有車，有恩愛的丈夫和可愛的女兒。為了家庭的安穩，她辭去了工作，成為家庭主婦。

就在所有人都羨慕她幸福美滿的生活時，命運對她下手了。

她38歲那一年，丈夫出軌後與她離婚。電視劇般的橋段，血淋淋地發生在她身上。婚變，無業，連唯一的女兒都要判給丈夫。

幾乎是一夜之間,她從天堂墜落到了地獄。

她說:「從做家庭主婦到踏入社會,壓力如潮水一般從四面八方朝我湧來,我只能拚命地游,拚命地向上,才不被溺死。」

經朋友介紹,她學著在樓盤銷售中心做一手房銷售,一位38歲的「大齡阿姨」跟著一群20多歲的年輕小姑娘風風火火地打拚。

兩年後,她從一個月賣出一套房子到成為季度銷售冠軍。她付出了無數不為人知的心血。用自己的努力,將自己曾經失去的重新找了回來。

前兩天看到她的朋友圈,記錄的是她跟女兒一起去峇里島旅行,陽光下的她成熟美麗,擁有著幸福。

朴樹有一首歌的歌詞是:「我曾經跨過山和大海,也穿過人山人海,我曾經擁有著的一切,轉眼都飄散如煙。我曾經失落失望,失掉所有方向,直到看見平凡,才是唯一的答案。」

最好的生活就是,能心安理得地享受最好的,也能平平靜靜地承受最壞的。美好的生活,都是自己掙的,不是依賴別人取得的。

有自己的底牌

生活中,很多女性其實都曾有過迴盪在心中的夢想:想要去大城市闖蕩一番;想要繼續讀研;工作後,夢想成為公司高管⋯⋯

但是,這些夢想常常招來各種阻撓和非議:「一個女孩子有什麼可闖的,不如嫁個好人家。」「女人天生是弱者,職場上爭不過男人。」「女人太強,好景不長。」⋯⋯

於是,很多女性懼怕野心帶來的諷刺挖苦和失敗,收起自己的翅膀,退回原地,甘心做一個普通人。

日本暢銷書《只差一個野心》裡有句話:「停留在平地嬉戲的人,終生都無法欣賞到美景;唯有懷著野心努力過的人,才能瞭解幸福就在山頂。」女性只有拋開羈絆,足夠努力,人生才有無限可能。

電視劇《上海女子圖鑑》裡,羅海燕是個小鎮女孩,因為小時候去過一次上海,便在心中埋下了對上海的美好願望。

她先是努力考取了上海的大學,畢業後,在陪男友回老家和留在上海之間,毅然選擇了留下,因為,她想成為上海10%的「塔尖」人。

為了這個目標,她拚命努力:加班熬夜趕PPT,獲得了上司的認可;因為英語不夠好,講解機會只能讓給同事,於是,她自費報班學習,苦練英語;拒絕了上海男友「女孩要回歸家庭」的勸說,

毅然獨自前行，直到創業成功，把業務拓展到了紐約。

憑藉一路咬牙堅持，羅海燕從一個被人瞧不起的「鄉下女孩」蛻變成「魔都」女精英，完成了漂亮進階。

說到底，能給一個人篤定與安心的，不是穩定的工作，而是不斷提升的能力，這才是一個人最大的底牌。擁有這張底牌的女人，會活成一束光。

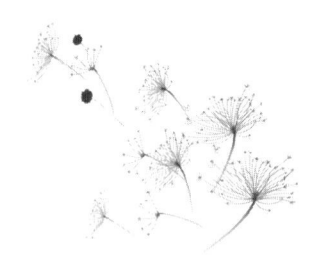

能力，是女人
另一種意義上的性感

最近，一個人到中年的朋友老K的妻子去世了。

他的妻子罹癌多年，他不離不棄，照顧有加，是朋友們公認的有情有義的好男人。良好的口碑，加上事業單位領導的光環，讓老K在妻子去世後，成了搶手的「鑽石王老五」，上門說媒的絡繹不絕，介紹的女方從25歲到45歲，燕瘦環肥，各有千秋。最終，老K選定了一個42歲的女子，是一家國企高管。

那天，我們幾個朋友小聚。大家懷著八卦的心，好奇地問：「男人不都喜歡20多歲的小姑娘嗎？怎麼你卻選了一個40多歲的中年婦女？」

老K很高冷地來了一句：「喜歡是一回事兒，過日子又是另一回事兒！小半輩子過去了，打拚了那麼多年，我需要的是『混合雙打』的默契，而不是天天俯下身子教導小孩子的累心。」

有人問：「男人這麼現實嗎？」

老K淡定地說：「男人不現實，怎麼混世界？況且，我覺得40

多歲的那位女士更性感啊！」

有人「補刀」道：「你這是要修改『性感』的定義嗎？」

「你們不知道女人有能力、懂生活才是真正的性感嗎？」老K反問。在一群中年婦女的逼問下，最後老K說，那位女士有點像《我的前半生》裡的Miss吳，也就是鄔君梅扮演的羅子君的上司──優雅V領白襯衣搭配幹練灰色小西裝，一抹紅唇霸氣卻不失性感，妥妥的職場女強人，以冷酷著稱，手下一言不合就開除，但公私分明，做事踏實俐落，讓觀眾見識了一位成熟職場女性的睿智。

想想也是，漂亮和年輕確實可以讓男人駐足心動，但是，讓男人停留下來，還得靠實力。

～

能力，可以賦予女人另一種意義上的性感，讓女人過上體面的生活，自由地行走，自信地選擇，魅力無限。

這樣的女人不必擔心年齡的增長，她們憑藉自己的氣質、知識、品位、眼界、心胸，自然成為人堆裡最耀眼的那一個。

京劇「冬皇」孟小冬，在與梅蘭芳決裂後，很霸氣地說了一句：「將來我要麼不唱，要唱一定比你唱得好；要麼不嫁，要嫁一定嫁一個一跺腳滿城抖的人。」

243

她後來果然嫁給了一跺腳滿城抖的杜月笙。杜月笙肯定不是因為她漂亮而娶她，漂亮的女人很多，但「冬皇」只有一個！

寫下《情人》的莒哈絲，66歲的時候，受到了27歲的安德烈亞熱烈追求。我猜，他一定不是因為莒哈絲年輕時是個美人而追求她，她已經成了在巴黎街頭酗酒、滿臉皺紋的暴躁老太太，但她也是龔古爾文學獎得主，光芒四射。

那些還在相信「幹得好不如嫁得好」的女孩子們，該醒醒了。很多時候，那個愛上你的人，不只愛你的相貌，也愛你的附加值。這才是生活的真相。

～

我的家族群裡圍繞堂妹小羽考博的事兒，爭得不可開交。

叔叔和嬸嬸都是樸實的農村人，覺得女孩子讀完碩士就足夠好了，趕緊嫁人才是硬道理，畢竟已經25歲了。在他們的觀念裡，女孩子過了25歲，就要被人挑揀，不好嫁了。

小羽保持沉默，但是私下裡和我說，一定要考博。

在家族群裡，比小羽還小的小堂妹姍姍冒了出來，曬了自己和兩個娃的照片，對小羽說：「姊，你看，我比你還小，都兩個娃了。現在我也不用工作，就在家帶帶娃，還有婆婆幫著，輕輕鬆鬆

的,多好。」

嬸嬸也出來附和:「就是就是,女孩子早晚還不是要嫁人啊。」

這不是姍姍第一次在群裡「炫娃」了。一直沉默的小羽,忽然打出了一大段話:

「生孩子是女人的生理天賦,沒什麼可驕傲的,我想生的話,自然可以生。我不覺得23歲的人就生了兩個孩子,還不工作,是一種值得驕傲的事,其實我更替你擔心。這樣的生活,不是我的理想。我的理想是,趁年輕,努力成為更好的自己,有更廣闊的平台,做更有意義的事。不靠任何人生活,外表柔軟,內心硬氣地活著。」

我想小羽可能已經忍無可忍了,想結束家族群對她的「關心」,才直率地說了這麼多。一分鐘後,小羽撤回了這段話,但是,大家已經看到了,從那以後,再也沒人在群裡說啥了。

小羽後來和我私聊說:「姐,我就不明白,都什麼年代了,還拿這一套來衡量一個女人的價值!」

我對她說:「什麼年代都有這樣的價值觀,只要不影響你就好。」

或許有些「過來人」會語重心長地告訴你,並不是你越獨立越出色就越容易遇到更好的愛情,還會舉一堆剩女恨嫁的例子給你

聽，但是，反過來想想，那些不獨立不出色的女人就嫁給了更好的男人了嗎？

反倒是優秀女人選擇的餘地更大，她們不必為了一張「終生飯票」去恨嫁，去討好，而是可以體面地生活，有尊嚴地拒絕，真正地活出自我。

當你有足夠的能力，成為更好的自己時，愛情和幸福自然會降臨。

學會俗氣地活著，
才有不俗的人生

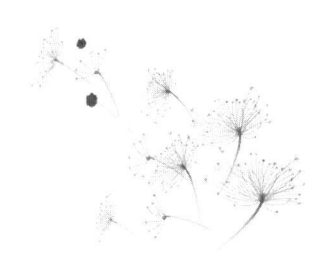

一位讀者留言問我：「是不是人越長大，就越俗氣？」

她說自己工作剛滿兩年，身邊同事一個個見了領導點頭哈腰，被罵得狗血噴頭也不敢還嘴，女同事還整天討論誰家的老公賺錢多，哪家菜店打折了……

在這樣的環境中，她越來越失落，很怕自己有一天也會落入俗套。

也許每個初出茅廬的年輕人，都有過這樣的階段：不屑於金錢名利，哪怕生活窘迫，仍然一身傲骨，不為五斗米折腰；討厭人情世故，哪怕四面楚歌，也不打算與俗人「同流合污」；渴望遠離柴米油鹽的瑣碎，永遠保持喝咖啡聽音樂的優雅……

然而，理想很豐滿，現實往往很骨感。你永遠不知道，生活會給你展開一幅怎樣的畫卷。

你也不知道，那些看似俗氣的人，曾經有過怎樣的夢想和情懷，如今又背負著怎樣的責任與無奈。

但你終究會漸漸明白，只有學會俗氣地活著，才有不俗的人生。

電影《送你一朵小紅花》裡有個場景令人印象深刻：

腦癌少年韋一航和媽媽開車離開停車場的時候，為了省五塊錢停車費，媽媽和保安鬥智鬥勇：

「我就超了5分鐘，怎麼能算呢。」

「嗨，你說說這，我忘帶現金了。」

「哎，微信掃不出來啊怎麼，你們這沒網啊。」

直到保安被磨煩了，一揮手，趕緊走吧。

韋一航對媽媽的斤斤計較很不耐煩：為了幾塊錢，耽誤了好幾分鐘。他不知道，自從他治病，家裡就再也沒有換過新的東西；身為普通職員的父親，瞞著家人週末去開專車，患了嚴重的胃潰瘍，也不捨得去做胃鏡。

想想，這樣的中年人在單位被領導罵幾句，敢甩手而去嗎？

他們也有過自己的情懷和夢想，只不過，被現實一點點磨光。因為背負的責任越來越大，他們要扛起日子，就必須放下所謂的面子，甚至自尊。

在他們俗氣的表象後，是令人敬佩的勇氣和擔當。

～

每個人都想活得優雅從容，遠離俗氣。但真正的高級從來不是一味抵觸世俗、曲高和寡，而是慢慢學會把世俗規則當作自我成長

的階梯。

《流金歲月》裡的蔣南孫從小生活優渥,住洋房,有保姆,被一家人寵成公主。她從來沒有為錢發愁過,不理解為了省一點錢自己費心費力搬家的男友。但是,當父親炒股把家業敗光,欠了一屁股債自殺後,她瞬間懂得了錢的意義。

為了替父還債,她放棄了讀博,甚至放棄了能施展抱負的大公司,而是去了工作時間長、壓力大,但是賺錢多的小公司。而且,她坦然地和老闆談錢,大方地收下替朋友做事應得的報酬。

那一刻,相信沒有人覺得她俗,而是為她的成長姿態折服。

每個人都渴望衣食無憂、歲月靜好的生活,但現實如同《西遊記》裡的取經路,有九九八十一難,哪一關要通過,都不容易。

你討厭的那些俗氣的東西,最終都成了取經路上的一個個妖怪,繞不過去,消滅不了,會把自己打回到五指山下,讓自己前功盡棄。

所有的成長,都要穿越俗氣,一路斬妖除魔,最終抵達「看山還是山,看水還是水」的境界。

生活中,我們經常會遇到這樣的人:
讀了幾年書,便看不慣那些學識欠豐、言談俗氣的市井小民,

覺得他們目光短淺，只顧眼前；留了幾年學，說話便時不時夾雜幾句洋文，中國話也說不利索；看了幾場高端演出，便覺得其餘的劇團都不入流，不屑於別人竟然還去看……

或許他們看不慣的一些事真的俗氣，但肯定不全是這樣。

有時候，雅俗之間沒有明顯的界限，而是相互交集，甚至大雅即大俗。

老藝術家黃永玉，繪畫成就爐火純青。他60歲時設計的中國第一枚生肖「猴票」，創下了世界收藏界的奇蹟。

但他最為人稱道的，不是他的藝術畫作，而是他特別真實動人的「俗」：別人畫高山流水，他畫「出恭十二景」；別人畫龍騰虎躍，他畫雞鳴狗叫。但那些俗事俗物在他的筆下顯得無比生動，大俗裡透著大雅。

很多時候，我們嘴上說著脫俗，嫌棄這個俗氣，那個不高級，其實，是一種不成熟、不自信的表現。

真正的不俗來自於悅納與包容，真正優秀的人，不管到哪裡都能發現美，並為己所用。

清代詩人查為仁的《蓮坡詩話》中記錄了一首詩：「書畫琴棋詩酒花，當年件件不離它；而今七事都更變，柴米油鹽醬醋茶。」

很多時候，高雅不僅是高山流水、陽春白雪，真正的高雅，往往來自於普通的世俗生活。

在無法改變什麼之前，先學會世俗地活著，去經歷風霜雨雪，豐富人生閱歷，昇華思想境界，才有不俗的未來。

Part Six

帶著清醒，活出豐盛

人的一生，
真正的成功，
不是權力大，
也不是錢財多，
而是打理好自己，
活得清醒無畏，
活出屬於自己的精采，
照亮周遭，溫暖世界。

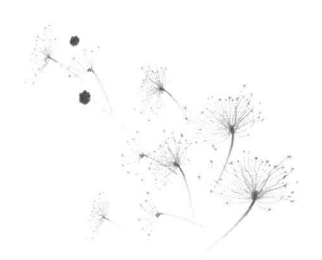

有一種能力，
是熱氣騰騰地活著

看過一則網路新聞：

一位浙江男子因疫情被隔離在酒店。隔離期間，他給酒店房間做了個「大掃除」，從空調、地板到衛生間，打掃得一塵不染，甚至連紗窗都卸下來沖洗得乾乾淨淨。

評論區一片讚揚之聲。對一個留言，我深有同感：「大哥是個熱愛生活的人。」

有句話說得好：「生活不易，你永遠不知道明天和意外哪個先來。」我們無法掌控生活，但是，以怎樣的姿態生活，卻可以自己說了算。吐槽抱怨是一天，熱氣騰騰地度過也是一天。

面對生活的起起落落，熱氣騰騰地活著，才能迎來人生的滿樹花開。

前幾天，我去表妹陶子所在的海濱城市，終於見到了她200平方米的大平層。

客廳裡整面牆的書櫥、餐廳的咖啡機和廚房的各種美食器具，

讓人一眼就看得出主人是多麼熱愛生活。

本來她在老家縣城有一份穩定體面的工作，但是，她和老公是雙城生活。十年前，她決定辭掉工作，夫妻團聚。

大家都覺得她有點冒險——到那麼遙遠的陌生城市打拚，談何容易；況且她已經三十多歲，孩子都那麼大了，折騰不起了。

但是她說，生活是自己的，舒不舒服自己知道，現在的穩定不是我想要的，我就是要折騰。

攥著一摞專業證書，憑著一腔熱情，她一頭扎進了千里之外的海濱城市。

一次次碰壁、一次次跌倒之後，她迎來了自己人生的春天。

她說：「現在對比以前，沒有天壤之別，但好了不止一星半點。之前的穩定，是穩定的『窮』，一個月省吃儉用，也攢不了幾千塊錢，現在做一個設計，十幾萬元就有了。雖然很忙很累，但一家人在一起其樂融融，這是我想要的生活。」

當一個人擁有了人生目標，並且透過努力去一點點達成，就會發現，這個世界原來如此美好。

熱氣騰騰地活著，不是瞎折騰。前者讓人在忙碌的日子裡激情滿滿，後者令人疲憊不堪。

侄子小冬高中畢業後做過很多工作，但都不滿意：超市導購

員，他覺得伺候人太難；外賣員，他覺得太累；電子廠流水線工人，他覺得自己像機器⋯⋯三年間他換了七份工作，沒一份超過半年。

眼看到了適婚年齡，他還是三天打魚兩天曬網地到處漂著。家裡人勸他選準一份工作，踏實做下去，他卻說，生命在於折騰。

如今，他已經33歲了，還在不停換工作，沒有女朋友。別人把生活折騰得熱氣騰騰，他卻把人生折騰得亂七八糟。

當一個人的才華還撐不起自己的野心的時候，就應該靜下心來學習；當一個人的能力還駕馭不了自己的目標時，就應該沉下心來歷練。

沒有一蹴而就的事情，遇到困難就退縮，永遠不能把事情做好。

電影《當幸福來敲門》中，爸爸克里斯是一個僅有高中學歷的推銷員。婚姻解體、生活貧困、事業低迷，他經歷了一個又一個人生至暗時刻。

克里斯獨自帶著兒子生活，兼職兩份薪水微薄的工作，一度困難到去醫院賣血和去教堂排隊領取救濟的程度。

為了生活，克里斯帶著兒子拜訪客戶、銷售儀器，輾轉在三藩市呼嘯而過的地鐵上、熙熙攘攘的人群中。無家可歸的時候，父子倆住進地鐵站的公共廁所。

但是，他沒有向一地雞毛的生活投降，而是積極地努力著。

被客戶無情拒絕後，克里斯總會笑著說「謝謝」，並誠懇地進行下一次試探；為了賺更多錢，他改行做股票經紀人，惡補專業知識；即使生活困頓到只能買一顆籃球，他也會笑著商量給兒子買禮物……

最終，他憑藉努力扭轉了命運的軌跡，成為一名優秀的股票經紀人。

尼采曾說：「如果這世界上真有奇蹟，那只是努力的另一個名字。」

令人印象最深刻的是，影片中，無論生活多麼困頓，克里斯上班時都西裝領帶，乾淨整潔，面對兒子時，永遠都是滿臉愛意的微笑。

每個奇蹟的背後，都有一個不屈不撓、熱愛生活的靈魂。

對大多數普通人來說，生活裡很少大起大落，更多的是日常瑣事帶來的煩惱和消磨。

但生活的意義，恰恰隱含在那些日常生活中最普通的瞬間。

如何把一地雞毛的生活過好，是真正的考驗。

如果你現在正一個人承受風雨，請擺正自己的心態，保持對生活的熱愛。風雨過後，那些痛苦將是一筆成長的財富。

〜

　能不能熱氣騰騰地活著，與金錢外貌無關，與學識能力無關，它是一種心態，更是一種能力。

　有一年春天，我和幾個朋友隨驢友團去爬山，山腳下是一個古村落。
　乍暖還寒的季節，山上還光禿禿的，草木大多還沒發芽，古村也沒有想像中的古樸清幽。我們跋涉了十多公里，也沒有看到想像中的美景，很多人感到沮喪，有的人邊走邊抱怨，有的人乾脆坐到路邊等返程。
　而有一位女士，開開心心地邊走邊拍照，甚至還給街角曬太陽的幾位老人拍了一些照片。

　返程路上，她把拍攝的照片做成了視頻，發到驢友團群裡。曲折的石階、牆角的一株嫩草、樹幹上的一隻蝸牛和古街上的老人，構成了一幅幅生動的畫面，靈動清幽。
　有人感嘆：「為什麼我沒有發現還有這般景色呢？！」
　有人開玩笑說：「我們去的好像不是一個地方。」
　熱愛生活的人善於發現生活中的美，有一種化腐朽為神奇的力量。

　生活中，我們也經常遇到一些對什麼都失去興致的人：朋友們

週末聚餐，說要去某家餐館，他覺得那裡的飯菜一般，一揮手，不去了；同事相約去健身，他搖搖頭，上一天班就夠累了，哪還有精力去折騰；家人商量去度假旅行，他覺得純粹是花錢買罪受，不如在家宅著舒服⋯⋯

這樣的人無趣，負能量爆棚。

熱愛生活的人，對一切充滿愛與好奇，以積極向上的態度面對世界。

三毛說：「每個人心中都有一畝田，種桃種李種春風，開盡梨花春又來。」

是的，種下桃李春風，才能收穫姹紫嫣紅。

～～～

一個人的人生可以有多苦？

她1歲半時，父母離異，繼父性情暴虐，家無寧日；5歲時，遭一個老酒鬼強暴；15歲時，逃離家庭和學校，極度缺愛的她，成為未婚媽媽；20多歲，她歷經坎坷，成為一名高級時裝模特兒，並和一位富商結婚，但14年後她又被丈夫拋棄；離婚後不久，她患上癌症⋯⋯

上天彷彿把所有的苦難都降臨到她一個人身上。

然而，她卻沒有被生活打倒，活得熱氣騰騰。罹患癌症後，透過疏導情緒、科學飲食等方法，半年後，她不藥而癒。

她透過自身的經歷，總結提煉出生活的智慧，寫出了《生命的重建》一書，教人們懂得知足、感恩，學會把握當下，讓生命變得充實、快樂。這本書被翻譯成25種文字，暢銷35個國家，啟發、幫助了無數人。

螢光映夜，度人自度。她就是露易絲‧海，美國最負盛名的心理治療專家。

人生就如打牌，要有拿到爛牌仍能打出王炸的精神和行動力。即使不能贏得整個人生，少輸就是贏。

著名心理學家榮格說過：「世界懸於一線，而那根線就是人的心靈。」生活中有很多無奈，我們無法選擇舞台，但是，可以立足當下，活出自己真正的渴望，每一天，都過得熱氣騰騰。

世界上沒有完全相同的兩片葉子，我們熱愛生活的方式也各不相同，更多的時候，是鷹擊長空、魚翔淺底，各自奮鬥。

立足各自的生活，熱氣騰騰地活出自我就好。

這一生，我們付出過，也得到過，愛過痛過，也歡笑過，便是人間值得。

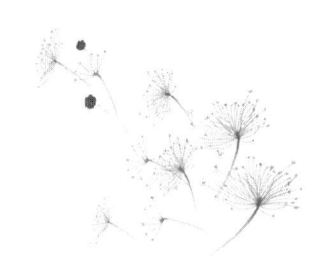

長得漂亮是本錢，
活得漂亮才是本事

作為女人，天生美貌是優勢，但美貌是件太容易損耗的事物。對於20歲左右的女孩子來說，漂亮如同一張貴賓通行證，但那是老天爺賞飯吃。歲月流逝，30歲以後，更加引人注目的人生贏家不一定是那些長得漂亮的人，而是智慧與品行兼具的知性女子。

近年來，隨著《我的前半生》《流金歲月》等影視劇熱播，作家亦舒受到了越來越多的人關注。她的書中關於女性的婚姻、成長、金錢的觀點和金句，喚醒了很多女性的自律和獨立意識。

文如其人，亦舒本人也是憑藉自身的智慧與勤奮，活得清醒獨立，從容淡定。

她14歲開始在報刊上發表小說，70歲時，出版了自己的第300本書。最高產的時候，她一年寫了7本書，都是手寫稿。

她之所以這樣高產，源於多年養成的自律和堅持：每天早上六點多開始寫作，每天要寫夠4000字，風雨無阻。她平時極少交際應酬，寫完稿便打理家務，親手製作一日三餐，絕不馬虎。

偶爾有人批評她的作品不夠深刻，她坦然應對道：「不愛看，請看其他優秀作品。選擇眾多，不怕沒有精神食糧。」

為了增加稿費，她也會和報社討價還價，從不擔心掉了大作家的身價。

看過亦舒的照片，相貌平凡，衣著素樸，走在人群中，絕沒有人會想到她是大名鼎鼎的作家。但她卻用一支筆，把都市小說寫出了至高境界，成為香港最成功的作家之一，她筆下的女性被稱為「亦舒女郎」。

她曾說過，女人好看的「皮囊是表面，姿態好才是真正的漂亮」。

的確，美貌最終會隨歲月消逝，唯有獨立自信、活得漂亮的女人，能夠受到命運的眷顧。

女孩子天生麗質是本錢，等於抓到了一手好牌，做人生贏家的機會多了無數倍。但是，生活不是短暫的牌局，而是一場馬拉松。在人生的漫漫長路上，那些在起點佔據優勢的人，不一定是最後的贏家。

我有一位女同學，家境好，人長得特別漂亮，初中就經常有男孩子在校門口等她，高中時，情書一週收一摞。但她有主見，心無旁騖，一心一意考大學。

高考的時候，她如願以償地考進一所不錯的大學。讀大學時，她被一個有錢的男人追求。畢業後，她就和那個男人結婚生子了。

她曾對我說，自己一門心思考大學的目的就是嫁個好男人，過上好日子，然後抖了抖身上的白色貂皮大衣道：「你看，十多萬呢。」

老公對她寵溺，百依百順。她經常在朋友圈曬歐洲遊、曬昂貴的名牌包，同學聚會時也是穿金戴銀，有司機專車接送。

幾年前，她的老公有了新歡，她打過鬧過，都沒用。為了心理平衡，她也找了一個「小鮮肉」，結果被老公發現提出離婚。官司打下來，她就得了一套房子。

她多年沒工作了，又過慣了養尊處優的日子，始終不想放下面子去工作，只能坐吃山空。談起將來，她嘆一口氣說：「就這樣吧，過一天算一天，老了再說。」

贏了開頭，不一定能贏在最後。無論境遇是好是壞，什麼時候都不能放棄自己。

反倒是一些相貌普通的女孩，咬緊牙關，默默前行，贏得了自己想要的人生。

郭春燕是出生在瀋陽的一個普通女孩，她的父親是日本二戰遺孤，母親是中國人。17歲時，她舉家遷往日本生活。由於不懂日文，又沒有學歷，她只能做清潔工。

別人不願意做的髒活累活，都丟給她做；偶爾辦公室有人丟了東西，她第一個被懷疑。在這樣糟糕的境遇下，她沒有自暴自棄，而是全力以赴做好自己的事。

25歲時，她從一名家庭清潔員被錄用為羽田機場的一名清潔工，每天清晨六點半上班，要爬50多級台階到達辦公室。這份工作對體力的要求也很高。為了增加體力，她每天都在工作之餘取出啞鈴，進行肌肉鍛鍊。

為了做好不同部位、不同污漬的清理，郭春燕自製了20多種清潔小工具，把80多種清潔劑的用法倒背如流，還會快速分析污漬產生的原因和成分，再自己調配相應的清潔劑。

就這樣，日復一日，她的清潔工作得到了越來越多人的認可。她在50多歲的時候，被尊為日本「國寶級匠人」，寫了5本暢銷書，日本NHK專門為她拍攝了紀錄片。

一些女孩子總是覺得漂亮是行走的通行證，想盡辦法在外貌上下功夫，甚至花費大量的精力和財力去整容。其實，美貌只有短暫的吸引力，無法支撐一個人走完一生。

真正讓一個女人立足社會的，是成長和智慧。

巴爾札克在《幻滅》中說：「一個人要想有所成就，只能靠勤奮學習和努力工作去爭取。」

長得好看，永遠不如活得漂亮。

～～～

你有沒有過這種感覺：多年以後忽然發現，當初的校花、班花，在歲月的打磨下失去了昔日的光芒，泯然眾人；而一些曾經不起眼的女生，卻變得優雅自信，閃閃發光。

在每一個醜小鴨變天鵝事件的背後，都有不為人知的勵志經歷。天生麗質是好看，活得漂亮才是耐看。而好看和耐看之間，隔著在重重歲月裡的自強不息、屢敗屢戰。

耐得住歲月的磨礪，扛得住人生的起起落落，才能從內到外都散發出自信、從容不迫的氣場。

多年以後，你讀過的書、走過的路、見過的風景，都會成為你對抗生活的鎧甲。

天生麗質，不必驕傲；相貌平平，也不必氣餒。正確的姿態是，俯下身子，努力修煉，用智力、毅力、自控力提升自己的層次，拓展眼界格局，拿到真正的高分，活出美好人生。

放下面子，
才能扛起日子

中國人可能是世界上最講究「面子」的人。

生活中，我們經常可以聽到這樣的話：「人要臉，樹要皮。」「給個面子。」……連不認字的老奶奶都會說：「不看僧面看佛面。」

魯迅先生曾專門寫作〈說「面子」〉一文，指出面子是「中國精神的綱領」。

要面子，在某種程度上來說是件好事，意味著一個人有羞恥心，做事有原則和底線。但是，凡事過猶不及，多少人為了一時的面子，而丟了裡子；為了面子，而毀了日子。

其實，很多時候，把面子放下，才能把日子過好。

一天晚上，表弟媳婦哭著給我打電話，說表弟又喝醉了，在家裡鬧。

前陣子，表弟所在的企業破產，他也隨之失業。隨後，親戚朋友陸續給他介紹了幾個工作，有社區保安，也有超市推銷員。他不

是嫌錢少，就是嫌「不體面」，說自己以前好歹也是個車間副主任。

他在家一待就是小半年，靠著妻子的兩千多元錢的工資生活，還有兩個念書的孩子。坐吃山空，壓力越來越大，他便借酒澆愁，窩裡橫，但就是不肯出去打工。

我們都勸他，先找份工作幹起來再說。每次都被他駁回：「我不要面子啊！」

表弟這樣死抱著面子不放，看起來有點可笑，但生活中類似的人還真不少。

明明領著兩千元錢的工資，卻抽著二十元錢一包的菸；為了買一個名牌包，吃一個月的泡麵；看同事買了輛幾十萬元的新車，自己也趕緊買一輛，哪怕房貸之外再加上車貸，壓得自己喘不過氣……

一個人越沒本事，越把面子當回事。

其實，你的實力和窘迫別人都看得見，強撐著的面子，不過掩耳盜鈴。就如著名作家鄭淵潔所說：「要面子的結果，大都是沒面子。」

～～～

一個人越沒有什麼，越愛炫耀什麼。

記得有一年的春節晚會曾上演過一個小品,叫《有事您說話》,說的是一個普通人,為了面子,吹噓自己「鐵路上有熟人,能買到火車臥鋪票」。

後來,他的領導、同事們便都拜託他買火車票。為了在領導、同事面前有「面子」,他扛著行李捲去車站整宿排隊買票,甚至有時候要自己花高價買「黃牛票」。他對妻子的解釋是「咱不能叫人說咱無能」。

這種「打腫臉充胖子」的行為,折射的就是一些人死要面子的心態。

其實,面子是給別人看的,日子卻是自己過的。把面子放下,才能把日子過好。否則,很多時候,丟了面子,又丟了裡子。

我有一個同學是公司老闆,交際廣,有面子。
他有位好朋友的妻子下崗,朋友找到他,求他在公司給妻子安排個工作。
儘管朋友的妻子不太勝任自己公司的業務,他還是給安排了一份壓力相對較小的工作,每月領幾千元錢的工資。
但是,朋友的妻子經常回家抱怨自己工作壓力大。朋友以為是他故意刁難,乾脆讓妻子辭職了,兩個人的關係也疏遠了。

這位老闆後來反省說,為了一時的面子,最終丟了朋友,還落

得不仗義的名聲，真是得不償失。

很多時候，放下面子，才能給自己「鬆綁」，踏踏實實過好日子。

~~~

在電視劇《我的前半生》裡，羅子君離婚後去超市打工，一天下來，腰痠腿疼，於是她又去之前常去的美容院做按摩。

但她被店員告知，她的卡裡只剩了一百多元，不夠一次按摩的錢了，可以先充值一萬元錢再做。囊中羞澀的羅子君用好友唐晶的卡做了按摩。

後來，唐晶告訴她：不能一邊掙著兩千元的工資，一邊做著昂貴的按摩。並禁止她再刷自己的卡，否則，她養不起自己，更爭不來兒子的撫養權。

此後，羅子君放下面子，低下身子，開始了人生逆襲。

在奢侈品牌店做櫃員時，碰巧她的一位大學同學來買鞋。她極力掩藏自己，但還是被同學認了出來。尷尬之後，她立刻放下面子給同學介紹鞋子，最終同學買走了兩雙。

後來，她更是放下面子，半跪著給前夫的新妻子凌玲試鞋。

這樣，她才能連續三個月當上銷售冠軍，被人刮目相看，自己也越來越自信。

一生很長，誰的人生也保不齊會陷入一段低谷，經歷一段灰暗的時光。這個時候，最要緊的不是死守著從前光鮮和優渥的記憶不放，而是面對現實，從頭開始。

作家劉震雲的作品《一句頂一萬句》裡寫道：「日子是過以後，不是過以前。」

與其在意別人的眼光，死要面子，不如多關注自己和家人的切實需求，踏踏實實做點什麼，重新出發。

當你放下面子賺錢的時候，你已經懂事了；當你用錢賺回面子的時候，你已經成功了。

～

很多時候，太要面子是一種不自信的表現，總想憑藉一些外在的東西裝點門面。有人為了買新款手機去借貸；有人為了買名牌包吃一個月泡麵；也有人為了抬高身價，宣稱自己認識某某人。

其實，真正有實力、有智慧的人，大都不在乎別人的眼光。

已故中國科學院院士李小文，多年來致力於光學遙感應用研究，還創建了幾何光學模型，是目前國際光學遙感領域最頂尖的三大專家之一。

就是這樣一位大科學家，衣食住行非常簡樸，人也特別隨和，不擺架子。無論是在大學課堂授課，還是參加學術會議，他經常穿

一雙家常平底布鞋,成為大家眼中平實可親的「布鞋院士」。

　　他渾身沒有一件名牌,出入沒有豪車,卻用豐盈的精神活出了令人仰慕的一生。

　　電影《一代宗師》裡有一句話:「人活在世上,有的活成了面子,有的活成了裡子。而只有裡子,才能贏得真正的面子。」

　　人生在世,各有各的隱晦,也各有各的皎潔。有人要面子,有人看重裡子。真正放下面子的人,才最可能既有面子,又有裡子。

　　作為普羅大眾,面子再重要,也比不上踏實過日子。
　　放下面子,過好日子,是智慧,也是能力。

成年人最好的活法，
就是降低期待

生活中，你是不是也曾遇到過這樣的事情：精心發佈了一條朋友圈，卻發現點讚和評論寥寥無幾；在單位被領導誤會而挨罵，希望同事可以幫自己證明清白，他們卻選擇了沉默；和伴侶吵架甩門而出，本以為對方會阻攔挽留，走了很遠，卻發現身後只有黑夜。

於是，你暗自失落，甚至心生怨氣，覺得自己的人生很失敗。

究其原因，是因為你對別人有過高的期待，希望別人做某件事、成為某個樣子，期待落空，就痛苦了。

日本作家佐藤光郎說：「所有的怨氣，都是因為對對方充滿期待才產生。」

所以，成年人最好的活法，就是降低期待。

昨天，意外聽說我的初中班主任魏老師去世了，原因令人唏噓。

魏老師的兒子大學畢業後，入職了北京的一家單位，談了個女朋友。準備結婚的時候，女方提出要買房子。

魏老師和老伴的退休金不算低，但是，除了供兒子讀書，還要供養家在農村的父母，積蓄並不多，要在北京這樣的城市購房，他們所有的積蓄也不夠首付。

兒子見父母幫不上自己，話裡話外埋怨父母無能，還說起自己的一個同事，父母賣了自己住的樓房，搬回農村老家，幫他湊夠了首付。

被兒子搶白之後，魏老師心臟病發作，送到醫院後，搶救無效去世了。

這件事看起來是極端個例，其實類似的事情比比皆是：長大後，嫌棄自己的父母不夠有學識，不像別人的父母得體優雅；工作後，看到身邊某個同事、朋友的風光，暗自埋怨自己的父母無能……很多時候，父母甚至成了很多人難以啟齒的存在。

事實上，絕大多數父母都是普通而平凡的。他們雖然能力不夠，但為了給我們更好的生活，已經拚盡了全力。

我們今天所擁有的一切，都離不開父母的默默托舉。父母已經給了我們生命和力所能及的最好生活，就不要對他們再有太多的期待。

總抱怨父母無能的人，本質上是對自己無能的憤怒。日本導演北野武曾經說過：「一個人是不是長大成熟，要從他對父母的態度來判斷。當你面對父母，覺得他們『好可憐』『真不容易』時，就是邁向成熟的第一步。」

承認、接納父母的平凡,放下對他們過高的期待,勇敢面對自己的生活,活出父輩期望的人生,才是正確的姿態。

～～

說起婚姻,很多女孩的選擇都是找一個可以託付終身的人。

找一個優秀的伴侶共度人生是沒錯的,但是,千萬不要把自己的一生都託付給對方。因為期待過高,往往是親密關係的殺手。

多少已婚女性在和伴侶聊天時,內容是這樣的:同事的老公出差回來給她帶了個大牌包;你看那誰誰,不聲不響又買了套大房子;那個不起眼的同學,竟然當了領導⋯⋯

潛台詞就是:你怎麼就那麼沒用呢?

其實,婚姻是場雙人舞,需要兩個人密切合作,把期望全部寄託在對方身上,只會給對方造成巨大的壓力,甚至讓對方產生逆反心理,導致親密關係破裂。

曾經在電視上看過一期《愛情保衛戰》,當事人是一對打工夫妻,妻子嫌棄丈夫沒有上進心,不能滿足自己和孩子的需求,希望他多做一份兼職。

事實是,丈夫是位快遞員,夜裡三點上班,一直到第二天中午

十二點才下班。如果再兼職，就沒多少休息時間了。

但是，妻子想換大房子，想要更好的生活，孩子還要上鋼琴、拉丁舞培訓班，不能輸在起跑線上……

兩個人的問題是，妻子對丈夫的期望過高。

每個人都有自己的能力上限，對伴侶期望過高，只能讓自己失望更大。

難怪主持人聽完妻子的表述後，忍不住問道：「你不怕把他累死呀？！」

對伴侶期望過高，往往會放大對方的缺點，怎麼看都彆扭，日積月累，婚姻難免出問題。

要提升婚姻幸福感，就要降低對伴侶的期望。

降低期望，不等於沒有期望。更理性、更平和地直面對方的優缺點，因勢利導，拾遺補闕，讓彼此變得更好，讓婚姻更加和諧幸福。

朋友們聚會，聊起孩子教育，一位剛生了二胎的寶媽說，自己只希望孩子健康成長，至於讀名校、出國什麼的，沒什麼特別期望。

看我們一臉不解，她說，從小父母就對她嚴格要求，希望她能

出人頭地，為全家爭光。

小學時，自己不負父母所望，成績沒出過前三名。但是，初中以後，隨著課程難度增加，成績不斷下滑。

父母花費了很多心思，給她請家教，買課外習題，甚至請老師幫忙調座位，讓她和班裡第一名的同學坐在一起，但是她的成績就是徘徊不前。

她焦慮不已，高二的時候一度抑鬱，休學回家。

雖然後來考進了大學，但是，她並不快樂，直到今天，她也不願意觸摸書本。

最後她笑著說，自己沒有成為「別人家的」父母，也不期望孩子成為「別人家的」孩子。

想起曾經看過的一句話：「家庭環境和教育方式若不能給孩子的成長插上翅膀，就容易給孩子的人生發展戴上枷鎖。」

也許父母給孩子最好的愛，不是讓他變成父母希望的樣子，而是讓他成為自己想成為的那個人。

東野圭吾的小說《惡意》講述了一個讓人脊背發涼的悲劇：暢銷書作家日高邦彥在家中離奇死亡，員警破案後發現，兇手竟然是他的發小野野口修。

他倆從小就住在同一個街區，小學、中學也在同一所學校。野

野口修膽小自卑，經常被同學欺負，日高邦彥總是站出來保護他。

長大後，日高成了大名鼎鼎的作家，野野口修只是一名普通的中學老師。為了幫助野野口修實現自己的寫作夢，日高邦彥不僅給他寫作建議，還幫他聯繫出版社。

但是，野野口修的作品沒有給他帶來預想的名利，而日高邦彥卻憑藉一部部爆火的作品，住上了別墅，還準備移民國外，享受生活。

日高邦彥做夢也想不到，他那麼信賴的朋友，竟然用兩年時間偽造出種種證據，並在他出國前一天將其殺害。

現實沒有小說那麼殘酷，但是「我把你當朋友，你把我當傻瓜」的事情並不少見，很多人都有過對朋友失望的經歷。

生活中，我們經常陷入的一個誤區是：我對他這麼好，他也應該對我同樣好。其實，人生大多時候，是不等式。

你覺得很重視一段感情，跟對方掏心掏肺，兩肋插刀，而對方，也許只當你是個熟人；你覺得他應該在你遇到困難的時候幫助你，而對方只喜歡錦上添花，畢竟雪中送炭實在太辛苦、人麻煩。

過高地估計了你和別人的關係，希望越大，失望也會越大。因為一旦期待落空，那種強烈的落差感會讓人懷疑人生。

不高估自己和任何人的關係，降低期望，是維持關係，也是保全自尊的最好方式。

生活是多彩的，人性是複雜的，一個人不要盲目樂觀，也不要對未來失去希望。正確的態度是，過好自己的人生，把其餘的都當作生活的恩賜。

把期望降到最低，所有的遇見都是禮物。

收得住脾氣，
才能留得住福氣

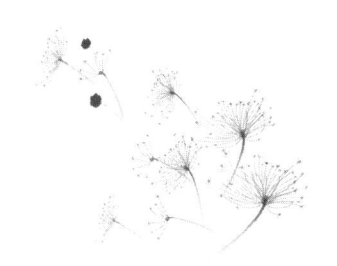

生活中，每個人都會遇到令人憤怒的人和事。

發脾氣是本能，但往往解決不了問題，還會破壞人際關係，更重要的是，氣大傷身，得不償失。

那些真正厲害的人，都把情緒調成了靜音。因為他們知道，要留住福氣，先要管住脾氣。

鬼谷子曾說：「貌者，不美又不惡，故至情托焉。」就是無論遇到什麼事情，既不喜形於色，也不怒目相待的人，是值得信賴的，可以託付大事的。

的確，一個人越溫和，福報越深。

你是不是也曾遇到類似的場景：在單位裡，無緣無故被人詆毀；開車路上，差點撞上逆行的三輪車；回到家，一道題講了三遍，孩子還是不明白……

遇到這些問題，生氣發怒是人的本能，但是，如果總是由著性

子來,與別人爭執、發脾氣,有時候,不僅解決不了問題,還會造成新的麻煩。

有人說,「怒」字拆開來看,上面是「奴」,下面是「心」,也就是說,一個無法控制自己情緒的人,很容易淪為心態的奴隸。

只有能控制自己情緒的人,才能成為自己人生的主人。

有一天晚上,我開車去機場接我哥哥回家。到了一個十字路口,綠燈亮了後,前面的一輛三輪車卻沒有起步。

我落下車窗探身往前看,後面的司機衝我喊:「看什麼看,趕緊走啊!」

我立刻沒好氣地回一句:「又不是我不走,前面擋住了,沒看見嗎?」

坐在副駕駛座上的哥哥示意我不要衝後面的司機喊,然後他下車朝著後面說:「不好意思,前面有輛三輪車擋住了,我去看看是怎麼回事兒。」說著便到前面查看。原來,是三輪車司機在打電話,沒注意綠燈亮了。

開過這個路口後,我對哥哥說:「你的脾氣也太好了,明明是那個司機沒看到前面的三輪車,錯怪了咱們。」

哥哥說:「如果咱們和他吵起來,有什麼好處呢?吵架解決不了問題。」

我哥年輕的時候,可是一言不合就發火的暴脾氣。這些年,他

一個人在外地工作,從普通員工一直做到副總,本事越來越大,脾氣卻越來越小了。

達爾文曾說:「脾氣暴躁是人類較為卑劣的天性之一。人要是發脾氣,就等於在人類進步的階梯上倒退了一步。」

那些有本事的人,其實不是沒脾氣,而是懂得克制自己的情緒,理智冷靜地處理問題。因為他們深知,在憤怒中做出的決定,往往會令人追悔莫及。

～～～

人生路上,走著走著,你總會遇到一些你不喜歡的人和事,也會遇到一些看不慣你的人,遭遇一些不公正的待遇,甚至失敗。

這是人生的常態,不必生氣,不必抱怨,更不必錙銖必較,憤憤不平。

有句話說得好:「如果連自己的情緒都控制不了,即便給你整個世界,早晚你也會毀掉一切。」

曾在網上看過一則新聞:南京的一位外賣小哥急著送餐,因為沒趕上電梯,情緒瞬間失控,不停踹電梯發洩。社區物業報案後,民警透過調取監控錄影,找到了他。

外賣小哥稱自己家中發生了一些變故,心情特別糟,又沒趕上電梯,一時衝動,做了蠢事。

經民警協調，物業工作人員接受了外賣小哥的道歉和2000元的賠償。這位小哥一腳踢沒了半個月工資，還差點被拘留，真的是得不償失。

作家張小嫻曾說：「諸事不順，因為還是有脾氣。」

有脾氣，苦了別人，也苦了自己。要學會管住自己的脾氣，遇事不要著急，多一些耐心，才能留住平安和福氣。

我們單位曾經發生過這樣一件事：

有一年，競選人事部主任。總共有四個人參加，其中大周和阿立能力相當，最有希望當選。

筆試成績出來後，大周稍高於阿立。接下來是競聘演講，現場無記名投票。筆試和演講兩項分數相加，決定最後人選。

演講投票前，大周頻頻出入各領導辦公室，而且不斷請同事們聚餐。很快，單位裡就有一種傳言，說主任一職已經內定大周了。

阿立的臉色越來越不好看，甚至私下裡和朋友說：「既然這麼不公平，不如退出。」

演講那天，阿立是被幾位同事拖進會場的。結果，他以高票勝出。

後來，阿立說，幸虧自己當時沒有衝動，去找領導「理論」，也幸虧在朋友的勸說下，參加了競聘。

作為一個成熟的成年人,你能在多大程度上控制住自己的情緒,就能獲得多大的成功,無論感情,還是生活。

無數事實證明,能掌控好自己情緒的人,才能最終收穫幸福與運氣。

～～

沒有人天生是好脾氣,從來不生氣。

只是內心強大的人,在日復一日的歷練中,提升了自己的格局,看清了人生的真相,學會了控制自己的情緒。

生活中,我們經常發現:本事越小的人,脾氣越大;而越是有本事的人,越沒脾氣。

不是沒脾氣,而是他們有強大的自控力。

在美國電影《馬利與我》中,有這樣一個情節:男主角約翰和妻子珍妮有了孩子後,珍妮辭職成為全職主婦,接著他們換了新房子,約翰還向報社主編提出了升職加薪的請求,一家人的生活看上去充滿了希望。

然而,那天約翰開車回到家後,並沒有馬上下車,而是在車裡默默地坐了很久,表情頹廢,茫然中有一絲脆弱。

但當他最終打開車門,回到家裡,表情立刻變得自信和快樂。他還是那個強大的、可以依靠的丈夫和父親,而不是剛才獨自坐在

車裡、看上去脆弱不堪的那個人。因為他深知，家是愛和溫暖的港灣，不是壓力與情緒的垃圾場。

他所有的壓力和情緒，只能在小小的車內調整，出了這個車，他就要整理情緒，成為積極努力的員工和強大的一家之主。

生活中類似的場景不勝枚舉，更多的時候，我們不僅要把最好的情緒帶給家人，還要消化處理好外在的壓力。

人生在世，難免會有人看不慣你。

你若優秀，一定會有人嫉妒，處處盯著你的缺點，甚至無中生有，製造事端；你若平庸，便容易遭到別人的蔑視。

這是人性的一面，如果因為這些生氣，那你這一輩子會有生不完的氣。

面對刁難和詆毀，想想高僧寒山和拾得的那段經典對話：

寒山問拾得：「世人謗我、欺我、辱我、笑我、輕我、賤我、惡我、騙我，如何處之？」

拾得答：「只是忍他、讓他、由他、避他、耐他、敬他、不要理他，再待幾年，你且看他。」不生氣，你就贏了。

人生在世，想要過得好，更重要的是心態。

心態好的人，懂得為生活調味，讓瑣碎的日常生活變得生動有趣。

　　人生不如意事，十之八九。遇到不如意，不妨對自己說：「沒關係，一切都會過去的。」

　　開心過好每一天，才不枉此生。

那些讓你不舒服的關係，
就算了吧

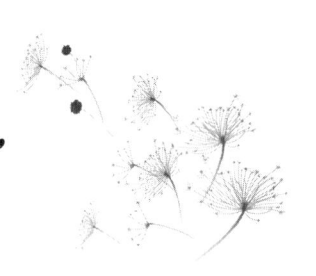

高中時候，我和同學阿燦是十分要好的朋友。無論什麼事，我們都會第一時間和對方分享，甚至同時喜歡上一個男孩子，也會彼此謙讓。別人見到我們倆中的一個，就會問：「怎麼只有你自己，她呢？」

原以為可以這樣好上一輩子，沒想到，高中畢業後，我們漸漸失去了聯繫。

有一次，閨密老顧的女兒考上了某部委公務員，我陪她去商場給女兒買生活用品的時候，竟然遇到高中同學阿燦。

我和她激動地寒暄擁抱之後，說起閨密女兒的事。阿燦在羨慕之餘，望著老顧說：「你們家背景很強大啊⋯⋯」老顧有點尷尬，一時無語。我告訴阿燦：「現在的公務員考試很透明，很公正。」

不料，我這話引起了阿燦的各種吐槽。聽著她對生活的種種不滿與偏執的理解，我不知道說什麼好，腦子裡閃過一句話：世界上最遙遠的距離，是我就在你面前，卻無法靠近你。

和阿燦告別時,我們互加了微信好友。她的朋友圈,基本上都是參加各種促銷活動求讚,偶爾給我發個砍價的連結。我默默地幫她砍了幾回,沒主動和她說話。

當你成為飛鳥,翱翔天空,當我成為游魚,潛入海底,我們就成了你和我,橫亙著魚與飛鳥的距離。我想起陳奕迅的歌:「為何舊知己,在最後變不到老友;來年陌生的,是昨日最親的某某。」

知乎上有一個問題:「好朋友為什麼會逐漸疏遠?」
有一個高讚回答:「因為漸老的歲月和漸遠的三觀。」
這個回答瞬間戳中了我內心最柔軟的部分:曾經形影不離的我們,後來卻漸行漸遠;曾經無話不談的我們,再見卻相對無言;曾經說好同甘共苦,如今卻海鹹河淡。總之,不知道從哪一刻開始,彼此都覺得累了,也曾試著想挽回,卻更覺心力交瘁。

其實,如果你和對方三觀不同,就不必強融。愛情是這樣,友情也是如此。好的關係,都應該是舒服的。

∽

學生時代讀魯迅的文章,最喜歡的就是他和閏土的友誼。由於年紀相仿,他們很快玩到一起,成了無話不談的好朋友。閏土健康

活潑，教給魯迅捕鳥、抓獸、看西瓜，還告訴魯迅好多高牆大宅內見不到的新鮮事兒，讓魯迅羨慕不已，親熱地喊他「閏土哥」，兩人情同手足。

閏土父親結束了在魯迅家幫傭，要帶閏土回鄉下時，少年魯迅急得大哭，閏土也躲到廚房裡不肯出來。

兩人再次相見，已經是中年。魯迅吃過飯，正在喝茶，閏土忽然來了，魯迅激動地站起來說：「閏土哥，你來了？」

閏土此時已經有六個孩子，他接替父親，成為魯迅家的幫傭。他體態臃腫，一臉滄桑，望著魯迅，囁嚅了半天，本能地喊了一聲：「老爺……」

曾經兩小無猜的好朋友，真情還在，中間卻已經隔了一條河。這條河太寬了，隔了漫長的歲月，盛滿了人生的酸甜苦辣，再也無法逾越。就像《半生緣》裡曼楨對著昔日的戀人說：「我們，回不去了。」

這樣的情形，我們也曾經遇到過：曾經睡在上下鋪的兄弟，一起蹺課追女孩、不分彼此的好友，畢業十年、二十年後，人生已經大不相同，有人在「北上廣」橫刀立馬，有人在海外拿了綠卡，有人卻下崗失業⋯⋯在同學聚會上重逢，除了一起回憶過去，就只剩掩不住的尷尬。

往日真情猶在，只是生活環境大不相同，我可能再奮鬥十年，也無法輕鬆地坐下來與你喝杯咖啡，曾經兩小無猜的我們，終於活

成了不同的人生。

〰〰

　　梵谷與高更是同時代的藝術家，二人有過一段「同居」歲月。那時候，意氣風發、充滿自信的高更一直是梵谷嚮往的對象。嚮往到極致，35歲的梵谷邀請40歲的高更來自己的小鎮上同住。基於藝術家的相互欣賞，高更欣然答應。

　　梵谷喜不自禁，為了迎接高更，他畫了《房間》，並按照畫中的情形佈置房間，還畫了那幅著名的《向日葵》，掛到房間裡的牆上……

　　梵谷對高更這個朋友，飽含著熱情與期待、敬畏與嫉妒。複雜的情感，使得他們在一起的日子並不愉快。除了二人在藝術上有分歧，高更很快厭煩了梵谷過分的體貼與討好，他覺得友誼不應該是這樣的。而此時，梵谷對高更的迷戀已經近乎瘋狂，那段日子，高更經常半夜醒來，被床邊凝視他的梵谷驚出一身冷汗。

　　友情的真諦是平等、舒適、踏實。情誼的天平一旦傾斜，就無法維繫。

　　在梵谷近似瘋狂的舉動下，高更落荒而逃。梵谷發現高更悄悄離去後，絕望地割下了自己的耳朵。想想，如果自己有這樣的朋友，會不會也心驚肉跳地逃走？

有句話說得好：「友情生於共鳴，毀於分歧。」真正的情誼，是無須討好的。如果一段關係讓你覺得不舒服，你就要考慮快刀斬亂麻了。

～

很多人都知道，張愛玲年輕時有一個特別好的閨密叫炎櫻，張愛玲的很多文章裡都有寫她。兩個人好到什麼程度呢？張愛玲說過，在這個世界上，炎櫻是無法替代的。而且，張愛玲的兩次婚姻，炎櫻都是證婚人。

後來，張愛玲與胡蘭成鬧分手，胡蘭成還曾經求炎櫻幫助斡旋。關係這麼好的兩個人，卻慢慢疏遠，以至老死不相往來。

我大概能想得出她們友情發展的過程：開始的時候，兩個人裡，張愛玲是主角，她才華橫溢，風頭無兩，相貌、家室、才華都不如張愛玲的炎櫻是作為配角存在的。後來，張愛玲去美國後，生活落魄，多虧了炎櫻幫助。

這時候，她們的生活處境已經悄悄發生了變化。炎櫻在和張愛玲交流的過程中，會有意無意地談及自己的優渥生活與一場場愛情，這讓敏感、自尊又孤獨的張愛玲感到很失落。

換了任何一個人，有個朋友天天在身邊秀優越，大概也會不爽吧？所以，後來張愛玲與炎櫻漸漸疏遠，甚至身後事也是交代給遠在台灣的宋琪夫婦，而不是同在美國的閨密炎櫻。

宋琪夫婦也曾在張愛玲生活窘迫時給予她無私幫助，而且，宋琪夫婦懂得交友之道，他們低調沉穩，不打探張愛玲的隱私，也不利用她的名氣賺錢，只是在一旁默默關注，在她需要的時候出現，也不對外界洩漏她的行蹤和消息，這讓性格孤僻的張愛玲感到很舒服。

　　最好的關係，不是天天在一起，而是我懂你。懂你的驕傲與自尊，明白你的不堪與無奈，看破不說破，默默地站在你的身後，護你自在舒服。

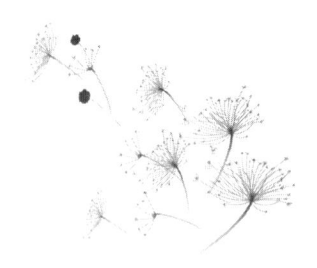

真正厲害的人，
都在過「低分貝」人生

中國有句古話：「修身齊家治國平天下。」一個人只有修煉好自我，才能經營好家庭，做出不平凡的事業。

現代社會，喧囂浮躁，想要涵養身心，最簡單的辦法就是過「低分貝」的生活。

你是不是也遭遇過這樣的事：公交地鐵上，本想閉目養神一會兒，不料身邊一直有人在高聲交談打電話；餐館裡，正和朋友享受美食，卻不斷從隔壁傳來吆五喝六的喧鬧聲；在家中，本想早點入睡，卻被樓下撕心裂肺的吵鬧聲折騰到半夜⋯⋯

自己的喧囂給別人造成了困擾，卻渾然不覺，甚至揚揚自得，是缺少修養的表現。

梁實秋說過：「大聲說話，是本能；小聲說話，是文明。」

一個人說話的音量，體現著他的修養。

音量和音質，甚至可以改變一個人的命運。

電影《窈窕淑女》裡，奧黛麗・赫本扮演一個窮苦的賣花女，聲音粗魯，言語粗鄙。她每天在大街上大聲叫賣，聲音尖利，被厭惡地稱為「發出令人厭惡和不舒服雜訊的女人」。

後來她遇到了語音教授希金斯，意識到自己這樣下去會窮困一生，於是決心改變自己的發音，提升自己的語言修養。她將自己所有的積蓄拿出來，請希金斯教自己控制聲音的技巧。

半年後，言語粗魯的賣花女孩，聲音變得純正柔和，人也變得優雅自信，最終，還收穫了甜蜜的愛情。

影片中有句話讓人印象深刻：「聽一個人說話的語氣和音量，就能斷定他屬於什麼階層。」

現實生活中，仔細觀察就會發現，那些動不動就提高音量、無所顧忌的人，往往缺少修養和自信。

越是有底氣的人，越懂得和顏悅色地解決問題，令人如沐春風，所謂「貴人語聲低」。

電影《乘風破浪》裡有句台詞：「你不需要那麼聲勢浩大，控制自己的聲音才有最強大的氣場。」

一位大學教授說，他住在教授宿舍時，幾年聽不到高聲說話或夫妻吵架的聲音，而搬進了商業公寓後，他震驚地發現，每天都能聽到有人在大聲說話或歇斯底里地爭吵。

修養越高、越體面的人,越能顧及他人,控制情緒。

過於喧譁的人,往往成不了氣候。保持聲音的「低分貝」,才能擁有不凡的人生。

～～～

梭羅曾說:「大多數人,都生活在平靜的絕望中。」

每張看似平靜的面孔背後,都有不為人知的委屈與堅持。因為他們知道,一旦情緒失控,後患無窮。

閨密老顧在一家諮詢公司工作,有一次遇到了一個難纏的大客戶,一份計畫書反反覆覆修改了十幾遍,對方依舊不滿意。

眼看半年考核一天天逼近,如果拿不下這個專案,不僅部門業績不達標,自己的升職機會也很可能會流失。

於是,老顧不眠不休,按照客戶的要求又修改了一遍。沒想到,客戶還是不滿意。

老顧瞬間崩潰,把計畫書往客戶的跟前一摔,怒氣衝衝地吼道:「不想合作就直說,用不著這麼折騰人!別以為有點錢就了不起,我還不伺候了!」

然後,合作終止,老顧被降職,年度獎金被取消。

多年以後,老顧回憶起那次經歷,自嘲說:「動不動就大吵大叫,是最愚蠢無能的表現。」

人生就是這樣，做不了情緒的主人，就只能做情緒的奴隸。

奧里森・馬登在《一生的資本》中寫道：「任何時候，都不應該使一切行動都受制於自己的情緒，而應該反過來控制情緒。」

成熟的成年人懂得戒掉情緒，不動聲色地收拾起遍地狼藉。

曾看過一個問答，問題是：「你是從哪一刻開始，感覺自己變成熟的？」

有個高讚回答是：「從學會控制情緒開始。」

行走社會，一個人難免會遭遇不公平的待遇、劈頭蓋臉砸過來的委屈，甚至陷害與算計，無數次徘徊在崩潰的邊緣。

當你無力改變現狀時，請打落牙齒和血吞，默默收起負面情緒，保持冷靜，從容應對，相信假以時日，你會成為人生贏家。

作家傅首爾說：「藏不住的崩潰只是傷痕，藏起來的崩潰才是勳章。」

把情緒調為低分貝，喜而不語、苦而不言、怒而不發、哀而不傷，是成年人最高級的能力。

在美國科幻哲理小說《抓落葉》中，有這樣一個情節：

人類是外星智慧創造的，送到地球上體驗人生。女員工梅里亞姆擔心人類去了地球會愛上那裡，一去不返，就故意在人的心臟旁邊挖了一處空洞，用這處缺陷牽引著人類不得不返回。

和她一起工作的男員工看到後，怕領導責罰，拚命地填補空洞。他把愛、憤怒、悲傷、快樂等所有情緒都注入那個空洞，試圖填滿它。

可是，他們發現，代表人類欲望的空洞永遠也填不滿。

男員工絕望地說：「無論怎樣填補，我們永遠都給不了他們想要的。」

「他們想要什麼？」梅里亞姆問。

「更多！」

是的，人類欲望的黑洞，永遠無法填滿。

放眼世界，多少人終其一生都在追名逐利，甚至為達目的不擇手段。在消費主義盛行的當下，人的欲望越演越烈：房子越買越大，車越換越豪華，吃穿越來越講究……

老子說：「禍莫大於不知足，咎莫大於欲得。」他老人家早就告訴我們，大多數禍害源自人性的弱點：貪得無厭。

想要的越來越多，目標越來越高，心也越來越累。現代人的很多痛苦和焦慮，均來源於此。

作家周國平說:「一個人只要肯約束自己的欲望,滿足於過比較簡單的生活,生命的疆域會更加寬闊。」

學會精簡自己的欲望,知足常樂,才能活得灑脫自在。

心懷敬畏,克己自律,才能在時光中厚積薄發,活出自己的山河遼闊。

人生最好的活法：
讓自己開心，
讓別人放心，
讓家人安心

　　行走世間，每個人都曾心懷夢想，仰望星空，渴望自己的詩和遠方。但是，在現實中輾轉，有一天你會發現，生活並非自己想像的那樣美好。

　　不是所有的人生都一帆風順，也不是所有的付出都有回報。常常有暗流洶湧中的孤立無援，還有養家糊口下的委曲求全。

　　曾想放下這一切「躺平」，無奈牽掛太多，於是糾結鬱悶，無法自拔。

　　其實，茫茫人海，各有各的喜怒哀樂，也各有各的悲歡離合。

　　最好的人生，不是有多少高光時刻，而是努力讓自己開心，讓別人放心，讓家人安心，將平凡的日子過得有聲有色。

一個人從懂事開始，便有了煩惱，成家立業後，更是背負著一個家庭的希望。在「內卷」（意指惡性競爭）越來越嚴重的時代背景下，成年人的壓力與日俱增。

　　於是有人說：「太難了，人間不值得。」

　　人生不如意事，十之八九。真正聰明的人，懂得忘記苦難，享受一二分的甘甜。

　　想一想，一個人即使活到90歲，也只有3萬多天，除去必須花費時間和精力的事情，真正屬於自己的時間並不多。所以，讓自己開心，才不枉人間走一遭。

　　功名利祿，看淡一些；人情世故，看開一些。知足常樂，便少了許多煩惱。

　　在我居住的社區附近有一座公園，每天晚上，公園的湖邊總有一個中年男人在吹笛子。笛聲宛轉悠揚，漸漸吸引了一些人駐足聆聽。

　　時間久了，人們大概瞭解了他的故事：

　　企業改制，夫妻倆雙雙下崗，租房開了一間早餐店。房租、女兒的學費、一家人的生活費，都靠夫妻倆起早貪黑拚命掙得，一天下來，腰痠背痛。但是，他總會在晚飯後到公園裡吹一會兒笛子。

　　笛聲一起，所有的困頓煩惱便煙消雲散。

想起奧黛麗‧赫本說過的一句話:「人最重要的是有能力自我修復,自我復活,自我救贖。」

人生實苦,總要自己調出點甜,才能對抗生活的千瘡百孔。

孔子門生眾多,但讓他稱讚不已的只有顏回:「賢哉!回也。一簞食,一瓢飲,在陋巷。人不堪其憂,回也不改其樂。賢哉!回也。」

一碗飯,一瓢水,住在簡陋的小巷裡,在這種清苦的處境裡,顏回卻依舊自得其樂,這才是真正的智者。

要讓自己開心,除了修煉自己的心胸,提升自己的格局,坦然接受命運的饋贈,最重要的是學會取悅自己。

看一場喜歡的電影,聽一首喜歡的老歌,看一本心儀已久的小說,或者找個清靜的地方,喝杯茶,發個呆。

也可以邀三五知己喝杯酒,逛逛街,讓心情煥然一新。

取悅自己,不是逃避,也不是抵抗,而是讓自己轉換心境,養精蓄銳,更有掌控生活的信心和力量。

週末和閨密老顧喝茶的時候，她接到了單位的電話，說是有個週一要用的宣傳冊出了問題，需要修改、重新印刷。

作為企劃部主管，我以為她要立刻趕去單位。

老顧笑著擺擺手說不用，然後撥了一個電話，三言兩語交代給一位下屬後，繼續悠然喝茶。

老顧說：「這個同事特別靠譜，什麼事都能處理得妥妥帖帖，從沒掉過鏈子。」

關鍵時刻，能讓他人如此信任，成為工作中的「救火隊員」，大概是職場人士最出色的能力了。

巴菲特曾說：「靠譜是比聰明更重要的品質。靠譜的人不一定是聰明的人，但一定是明白自己的能力邊界、有能力、可靠的人。」

生活中，我們經常會遇到一些人，讓人無法放心：答應好的事，總不能兌現；約好的時間，總要一再拖延。

很多時候，讓別人放心是一種能力，更是一種態度。

魏晉名士嵇康和山濤同在「竹林七賢」之列，也是好朋友。後來山濤為司馬氏效力，嵇康則隱居山林。

山濤幾次舉薦嵇康出山做官，但都被嵇康拒絕，最後一次，嵇康還揮筆寫下一封著名的絕交書。世人都覺得兩人恩斷義絕了。

然而，後來嵇康臨終前，沒有將兒子嵇紹託付給自己的哥哥，也沒有託付給七賢中別的友人，而是託付給了山濤。

他對兒子說：「山濤在，你不會成為孤兒了。」

果然，在嵇康離世後，山濤將嵇紹視如己出，並將其培養成一代忠臣。

讓別人放心，是一種美好的品行。

讓人放心的人，也許不完美，甚至有種種缺點，但人品一定敦厚可靠，所以，一旦有事，別人會首先想到他。

人與人之間，最重要的就是信任，而信任來自於對彼此人品的放心。

～

這樣的場景是不是很熟悉：明明剛失戀，臉上還掛著淚花，接到父母的電話，立刻嘻嘻哈哈地向父母報平安。在單位遭遇不公，心情沮喪，卻在邁進家門口的瞬間，換上了笑臉。

明知自己是個普通人，卻總喜歡和孩子說：「放心，有我呢……」

為了讓家人安心，多少成年人心甘情願扛起了一切。

前陣子，在上海打拚多年的同學周明辭職回到了老家。因為他的父親突發腦血栓，後半生需要在輪椅上度過。

他賣掉了上海的小房子，在老家買了一個大房子，把父母接來一起住，然後用剩下的錢開了一家電腦公司。

我問他：「人人都嚮往大都市，你卻說離開就離開了，會不會感到遺憾糾結？」

他說：「肯定有遺憾，但照顧好父母是最重要的事。沒能力把他們接去上海，我就回來。」

看過一個問答，問題是：「你是從哪一刻起，忽然有了責任感的？」

有一個回答讓我印象深刻：「看到父母身體佝僂、步履蹣跚，看到自己的孩子牙牙學語，忽然想到那句『老吾老，幼吾幼』的時候。」

是的，當父母漸漸老去，孩子漸漸長大，成年人的肩上就多了壓力和擔子，也多了責任和擔當。

如果把責任當成包袱，滿腹牢騷，就會越活越累。如果當成前行的動力，積極面對，生活就會越來越美好。

一個人奮鬥最大的意義，也許就是讓親人過得更安逸，更有尊嚴。

〰️

　　人生苦短，來世間一趟，總要讓自己覺得人間值得。

　　讓自己開心，是過好一生的基礎；讓別人放心，是過好一生的關鍵；讓家人安心，是奮鬥一生的意義。

　　有能力，有擔當，又能隨時隨地讓自己開心，你就是人生的勝利者。

世界總會
悄悄獎勵那些
努力的人

世界總會悄悄獎勵那些努力的人/蘇眉細細著. -- 初版. -- 臺北市：春天出版國際文化有限公司, 2024.12 面 ； 公分. -- (Better ； 41) ISBN 978-957-741-989-7(平裝)				
1.CST:	自我實現	2.CST:	自我肯定	
177.2				113017355

Better 41

作　　者	◎蘇眉細細	總　經　銷	◎楨德圖書事業有限公司
總 編 輯	◎莊宜勳	地　　　址	◎新北市新店區中興路2段196號8樓
主　　編	◎鍾靈	電　　　話	◎02-8919-3186
出 版 者	◎春天出版國際文化有限公司	傳　　　真	◎02-8914-5524
地　　址	◎台北市大安區忠孝東路4段303號4樓之1	香港總代理	◎一代匯集
電　　話	◎02-7733-4070	地　　　址	◎九龍旺角塘尾道64號 龍駒企業大廈10 B&D室
傳　　真	◎02-7733-4069	電　　　話	◎852-2783-8102
E－mail	◎frank.spring@msa.hinet.net	傳　　　真	◎852-2396-0050
網　　址	◎http://www.bookspring.com.tw		
部 落 格	◎http://blog.pixnet.net/bookspring		
郵政帳號	◎19705538		
戶　　名	◎春天出版國際文化有限公司		
法律顧問	◎蕭顯忠律師事務所		版權所有‧翻印必究
出版日期	◎二○二四年十二月初版		本書如有缺頁破損，敬請寄回更換，謝謝。
定　　價	◎450元		ISBN 978-957-741-989-7

本作品中文繁體版通過成都天鳶文化傳播有限公司代理，經新世界出版社有限責任公司授予春天出版國際文化有限公司出版獨家發行，非經書面同意，不得以任何形式，任意重制轉載。